JN418565

내게 전하는 말

현유가 드림

내게 전하는 말

내게 전하는 말

펴낸날 초판 1쇄 2026년 1월 10일

지은이 현금자
펴낸이 서용순
펴낸곳 이지출판

출판등록 1997년 9월 10일
등록번호 제300-2005-156호
주소 03131 서울시 종로구 율곡로6길 36 월드오피스텔 903호
대표전화 02-743-7661 팩스 02-743-7621
이메일 easy7661@naver.com
디자인 김민정
인쇄 ICAN
물류 (주)비앤북스

값 16,000원

ISBN 979-11-5555-277-3 (03810)

내게 전하는 말

현금자 수필집

이지출판

● 책을 펴내며

이태 전 세상 떠난 어머님에 대한 그리움에
첫 수필집을 엮으며 다독이는 시간이 되었습니다.

시간의 강물은 급물살을 타고 세상살이 칠십 년,
하느님 자녀로 태어난 지 십 년이 되었네요.
인생의 반환점에서 '내게 전하는 말'이 무엇이었는지
들여다보게 되었습니다.

이미 세상에 내놓았던 글모음과 묻어 두었던 글들을 엮으면서 제가 걸어온 시간과 인연 맺은 이들을 소환하는 시간이 행복했습니다.

주어진 은총에 감사하고 기뻐하며 기도하는 마음으로 지내보렵니다.

수필의 멋과 맛을 알게 해 준 교수님과 제주 헤럴드 K국장님
문우와 교우들과 친구들
가족과 지인분들
미소한 작품을 정성으로 엮어 주신 이지출판사에
감사의 마음 전합니다.

2026년 새해
현금자 베로니카

● 차례

셋째 마당 채움과 비움

넷째 마당 더불어 사는 生

다섯째 마당 삶을 위한 아다지오

여섯째 마당 자연의 품으로

첫째 마당

빈 의자

질병이나 가난 그 너머 죽음 같은 문제에서
인간은 연약한 존재이기에 신께 간구해 보지만
돌아오는 답은 침묵이다.

– 〈침묵〉 중에서

답글

등기우편 배달을 왔으나, 사람이 없어 돌아간다는 문자를 받았다. 관계자에게 우체통에 넣어 달라고 요청했다. 어떤 우편물인지 알아보니 J선생이 보낸 전시회 팸플릿 같다고 한다. 등기로 보낸 것을 보면 배달 사고를 막으려는 방편이었을 텐데, 개인 서예 전시회 초대장인가 정도로 생각하고 있었다.

우편물은 우리 집 당호를 적어 주신 서애 선생이 보낸 것이었다. 첫 수필집에 당호(가기만고당)를 세목으로 첫 상에 올렸다. 책이 나와 드리려고 했는데, 예전 연락처라 연결이 되지 않았다. 우연히 조문을 갔다가 선생을 만나게 되었다.

이런저런 이유로 책을 보내지 못했노라고 이야기하고 주소와 연락처를 받았다. 가족들과도 인연을 맺었었기에 집에 오자마자 등기우편으로 보냈다. 시간이 한참 지난 어느 날, 내 이름 한자를 알고 싶다고 했다. 우편물을 받고 난 후에야 궁금증이 풀렸다.

먹으로 난을 쳤다. 짙은 초록 잎 속에 옅은 잎이 숨어 얼굴을 내밀고 있다. 꽃대가 올라온 촉이 중심을 잡았다. 난은 가을쯤에, 차분한 중간 색조로 다투어 피어 있다. 공간 가득 난향이 퍼진다.

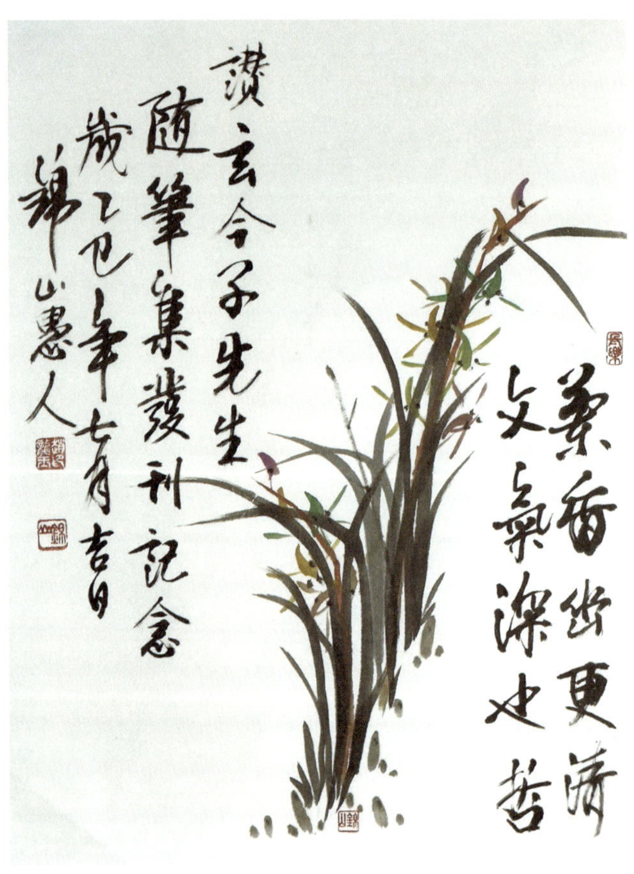

다른 종이에 해설서가 있었다.

蘭香幽更淸 난향유갱청
난향은 그윽하고도 맑고
文氣深也哲 문기심야철
선생의 글 기운은 깊고도 밝도다

讚 玄今子 先生
隨筆集發刊記念
歲乙巳年7月 吉日
錦山愚人

'금산우인'이라는 다른 호를 알게 되어 자신을 내세우지 않는 겸손을 배운다. 서예가다운 품격 있는 답글이었다. 족자로 만들어 부엌에 걸어 오기는 길에 음미하고 있나.

수필집을 읽은 소회에 대해 높은 찬사를 보내 주셨으니, 이 기운으로 좋은 글 써 보리라 마음을 다진다. 난은 우아하고 순수한 사랑, 우정 등의 꽃말을 가지고 있다. 승진이나 축하 인사를 대신하는 선물로도 인기가 높으나, 키우기는 정말 힘들다 한다. 작년에 지인으로부터 제주 한란 화분을 선물 받아서 처음으로 난을 키우고 있다. 아직 꽃대가 올라오려면 시간이 필요한 것 같다.

글을 배운 지도 꽤 되었고, 어설프나마 첫 수필집을 엮긴 했다. 독자 한 사람에게라도 감동을 주는 글을 완성하기엔 버겁기만 하다. 난을 키우며 꽃대가 올라오기를 기다리는 마음으로 세상을 바라보며 한 편 글이 태어나기를 바라고 있다.

수필가들이 보낸 책을 받을 때면 카톡이나 문자로 축하 글을 보내고, 때에 따라서는 약간의 간식을 보내곤 했다. J선생님이 보낸 문인화를 감상하며, 재능을 이런 방법으로 나누고 축하해 준다는 팁을 얻었으나, 나에게는 아득히 먼 이야기다.

미미한 나의 수필을 읽으신 후 고민이 많으셨겠다 싶다. 그림을 생각하고 화제(畫題)를 짓고, 얼마나 많은 화선지를 버렸을까. 깊은 조예와 진솔한 답글에 감사할 따름이다.

빨리 돌아가는 세상살이, 쉬운 방법으로 답장을 보낸다. 서애 선생이 보낸 답글을 들여다본다. 좀 더 성의 있고 격조 높은 답글이 오고갔으면, 서두르지 않고 진중하게 전달할 수 있었으면 하는 마음 한 가닥 잡아맨다. (2025)

학교 가는 길

TV에서 공부하는 노부부를 비춰 주고 있다. 늦깎이로 중학교에 들어가 공부하는 시간은 삶의 기쁨이고 꿈같은 이야기라고 말한다. 버스를 두 번 갈아타고 시내로 가려면 동동걸음을 걸어야 한다. 남편은 공부하는 것이 그리 내키지 않았지만, 아내 길동무가 되어 주려는 따듯한 동반자다. 아내가 좋아하는 과목은 한문 수업이다.

배달된 신문을 처음 읽는 독자는 어머니였다. 아버지는 출근하고 자식들은 아직 학교에서 돌아오지 않았다. 어머니는 내가 책가방을 내려놓기도 전에 모르는 한자를 물었다. 알지 못하는 한자는 빨간색 볼펜으로 굵은 밑줄을 그어 두었다. 한자가 섞인 신문을 술술 읽을 수 없었으니 답답한 마음을 어찌 누그렸을지…. 딸이 모르는 글자는 남편에게 기댔다. 아버지가 훈과 음을 함께 알려 주면 이제 숨통이 트인다며 안도의 숨을 쉬었다.

어머니는 일본에서 초등학교를 다니다가 해방 되던 해에 귀국선에 올랐다. 환경과 언어가 달라 적응을 잘 못하여 담임 선생님 배려로 아래 학년에서 공부하게 되었다고 한다. 4·3 광풍에 아버지를 잃고, 어머니와 네 명의 동생과 살아갈 길이 얼마나 막막했을까. 몸도 마음도 지쳐 버린 열여섯 살 소녀, 학교 가는 길은 아득하고 멀기만 했으리라.

어머니는 저녁 시간이 되어도 집에 일찍 오지 않는 남편을 눈이 빠지도록 기다렸다. "아버지가 집을 잃어버린 모양이여~" 혼잣말하는 것을 자주 들었다. 아버지가 늦게 귀가하는 날은 다음날 아침까지 궁금한 글자를 머릿속에 두었으니, 꿈을 꾸지 않았을까 싶다.

시간이 흐를수록 한자 실력이 늘었지만, 목이 말랐다. 당신 이름과 가족 이름을 써 보는 큰 산이 앞에 있다. 우리가 쓰다가만 노트 여백에 빽빽하게 채웠다. 우리 아이들이 태어난 후에도 한자 공부는 계속되어, 손녀 이름을 정자로 크게 써 달라고 하여 쓰고 쓰기를 반복했다.

아버지가 돌아가시자 어머니와 벗할 수 있는 《천자문》을 사다 드렸다. 아는 한자나 가족 이름이 나오면 환한 미소가 번졌고, 우리 집에 잠시 머물 때도 챙겨 오는 것은 《천자문》이었다. 말수가 줄어든 어머니와 딸이 소통하는 도구였다. 내가 글자를 짚으면서 물으면 아버지한테 배운 대로 훈과 음을 또박또박 말씀하였다. 어머니에게 자존감을 드리고 싶어 알아맞힐 만한 쉬운 한자를 묻기도 했다.

어머니를 돌봄센터에 보내 드리고야 자유시간이 주어졌다. 외출하는 날은 어머니가 돌아올 시간에 맞춰 들어왔다. 인지 장애가 점차 심해져 가족을 떠나 지내야 하는 상황에 이르렀다. 돌이켜보면 어머니와 함께 산 1년 2개월은 삶에 대한 여러 층의 생각을 하게 한 시간이었다.

터를 옮길 때도 《천자문》을 챙겼다. 보호사들이 이 책에 관심을 가지지 않자, 《천자문》은 어머니 면회 갈 때 가져가는 가방에서 주인을 기다렸다. 코로나로 오랜만에 만났지만, 예전에 알고 있는 한자들을 척척 맞혔다.

《천자문》에 있는 '賢'과 '愛'를 가리키니, "자기 이름도 모르는 바보가 있냐?" 하고 눈을 동그랗게 뜨며 목소리를 높였다. 활동을 마친 그림 종이에 당신 이름을 한자로 적는다고 전해 들었다.

"내가 공부를 많이 했더라면…". 막막했던 지난 시간이 떠올랐는지, 큰 눈방울에 이슬이 맺히곤 했다. 배운 너희들은 가치 있는 삶을 살고 있느냐고 묻는 것 같았다. 배우지 못한 서러움을 가끔 내뱉을 때는 게으름 피우던 막냇동생이 슬그머니 책상 앞으로 가 의자를 잡아당겼다. 어머니는 자식들에게 초등학교 들어가기 전에는 한글을, 중학교 들어가기 전에는 알파벳을 알아야 한다며 선행 학습을 시켰다. 자식을 통해 대리만족을 느끼고 싶지 않으셨을까 생각한다.

어머니와 소통할 방법을 생각하다가 탁상용 달력에 가족 이름을 한자로 출력하여 붙였다. 늦게까지 기억한 것은 아버지 이름자였다. 나는 어머니가 당신 이름만이라도 오래 기억하기를, 아침 저녁 기도 지향에 넣곤 했다.

《천자문》을 펴자마자 손사래를 쳤다. 딸도 누구인지 헛갈리는 듯, 초점 잃은 눈으로 쳐다만 보았다. 고개가 한쪽으로 기울어지다가 눈을 감았다. 옆에서 지켜보던 간호팀장이 내게 눈짓을 했다. 15분 면회 시간을 다 쓰지 못하고 돌아섰다. 중심을 잃고 경계에 선 어머니를 만나는 날은 운전대도 심하게 흔들렸다.

TV 속 노부부는 첫 시간에 맞춰 숨 가쁘게 교실로 들어온다. 공부에 목말랐던 급우들은 일찌감치 나와서 선생님을 기다리고 있다. 받아쓰기 시험도 보고, 자작시도 적어 보고, 교실에 뜨거운 기운이 감돈다. 노부부가 집에 도착하니 이미 어둑발이 내리고 있다.

친정집은 전농로 벚꽃길 중간에 있다. 아버님은 벚꽃이 만개한 4월에 떠나셨고, 어머님도 이태 전 여름에 뒤따라가셨다. 벚꽃잎이 길바닥에 수북이 내려앉았다. 두 분이 천상에서 손잡고 학교 가는 길을 상상하다 목울대가 달아오른다. 바람에 날리던 한 무더기 꽃잎이 공중으로 스산하게 흩어진다.

흐르는 시간을 꽉 잡고 싶은 봄날이다. (2024)

사랑을 할 거면

열대야로 잠 못 이루는 밤이 끝날 줄 모른다. 낮에도 덥고 습하여 사람들을 엿가락처럼 늘어지게 한다. 여름 방학 숙제를 끝내야 하는 학생처럼 지내다가 찾아간 날은 하필 폭염주의보가 내렸다. 물병도 챙기지 못하고 버스 시간에 맞추어 서둘러 집을 나섰다.

오페라 갈라콘서트를 관람하는 동안, 홍윤애(洪允愛) 무덤터를 찾아가 봐야겠다는 생각이 떠나질 않았다. 전농로를 숱하게 오갔지만 무덤터 팻말을 본 적이 없었다. 큰길은 아니다 싶어 손전화기에 힘을 입어 홍랑로에 들어섰다.

초등학교와 아파트 단지 사잇길 주택가 '홍랑길 3413번지' 단독주택 담벼락에 홍윤애와 조정철의 사랑 이야기가 펼쳐졌다. 공립농업학교가 들어서면서 다른 곳으로 이전되었다는 사연도 있었다. 전농로 3~4월은 벚꽃 터널이 생기고 해마다 벚꽃 축제가 열리는 동네다. 분홍빛 사랑이 흩날리는 곳, 그들의 사랑도 그러했으리라. 무덤터는 큰길 안쪽에 있으니 우연히 길을 가다가, 혹은 아는 이들만이 찾을 수 있는 곳이었다.

담벼락에는 'wedding cafe & coffee'라 적혀 있었다. 목도 축일 겸, 타임머신 타고 정조 시대로 돌아갈 겸 냉커피 한 잔 마시고 싶었으나 문이 닫혀 있었다. 문을 여는 요일이나 시간 안내가 없는 것으로 보아 손님을 받지 않은 지 오래되었지 싶기도 했다. 조만간에 유수암리로 가 보리라 생각하며 발길을 돌렸다.

오페라 갈라콘서트 '여인의 사랑과 죽음'을 일찌감치 예약해 두었다. 때는 조선 후기 정조 시대, 조정철은 평화롭게 살아가는 제주의 한 마을에 정조 시해 미수 사건에 연루되어 유배를 온다. 홍랑은 음식을 몰래 가져다주거나 빨래를 해 놓는 등 도움을 주면서 사랑을 키워 가던 중, 부부의 연을 맺고 딸아이가 태어나 행복한 나날을 보내게 된다.

몇 년 후 조정철의 정적인 김시구 목사가 부임하여 조정철에게 있지도 않은 죄를 씌워 숙이려 한다. 목사는 아이까지 있는 홍윤애를 잡아들여 모질게 고문하고 심문하지만, 끝까지 버티다가 곤장 70대를 맞고 뼈가 으스러져 형틀에 매달려 순절한다. 사랑을 지킬 다른 묘약은 없었을까. 태어난 지 백일도 되지 않은 딸을 두고 세상을 떠야 했던 어미 마음을 상상하기도 버거웠다.

오페라는 '옥처럼 달빛처럼 나를 비추어 주던 그대를' 이중창으로 피날레를 장식했다. 역모로 유배된 이를 목숨 바쳐 지켜 낸 홍윤애의 순애보였으니, 제주 최고 사랑 이야기라고 회자되고 있으리라. 청아한 슬픔이다.

조정철은 30년 후 제주 목사를 자청했다. 홍윤애의 사랑을 품고 살아온 긴 세월, 그리움을 안고 먼 길을 돌아왔다. 제주에 있던 딸과도 재회하고, 홍윤애 무덤을 손수 단장하고 시비를 세웠다.

더위가 약간 누그러진 8월 중순, 손전화기의 힘을 빌려 홍윤애 묘를 검색했다. 집에서 버스로 세 정거장 가서 10여 분 걸으라고 친절하게 알려 주었다. 아침 산책을 접고 첫차를 타고 길 안내 앱으로 쉽게 유수암리에 도착했다. 비 앞면에는 무덤터 소개 글과 다른 한쪽 면에는 조정철이 부르는 애가가 새겨져 있었다.

옥같이 향기로운 그대 묻힌 지 몇 해인가.
누가 그대의 원한을 하늘에 호소할 수 있었으리
황천길은 멀고 먼데 돌아가면 누굴 의지할꼬.
진한 피 고이 간직하니 죽더라도 인연으로 남으리
천고에 높은 이름 열문에 빛나고
일문에 높은 절기 모두 어진 형제였네

아름다운 한 떨기 꽃 글론 짓기 어려운데
푸른 풀만 무덤에 우거져 있구나.

한자로 적혀 있는 시비를 학자들이 우리글로 풀었다. 유배문학의 꽃이라 불리는 시어들이 아침 햇살에 더욱 빛을 발하고 있었다. 원래 시비 말미에는 '나의 화를 늦추기 위하여 목을 매어 죽었다'라고 덧붙여 있었다고 한다. 그들의 사랑은 조정철 일가에서 홍윤애를 정식 부인으로 인정하여 사당에 봉인되었다.

마침 날아온 새 한 마리가 무덤터와 시비 주변 풀밭으로 내려와 인사를 한다. 나는 '죽음은 끝이 아니라 영원한 생명을 얻는 것이다'라고 믿고 있다. 이들이 이승에서 함께한 시간은 길지 않았으나 영원히 함께하기를 바라는 마음으로 두 손을 모았다.

목숨을 바칠 만한 치열한 사랑을 해 본 적이 없다. 힘들다고 생각하면 쉽게 떠나는 계산된 사랑이 퍼진 요즘, 한 남자를 위해 목숨을 바친 홍윤애와 평생 마음에 품고 독신으로 살다가 다시 찾아온 조정철의 애진한 사랑을 소환한다.

'사랑할 수 있는 한 사랑하라.' 사랑을 할 거면 그들처럼….

(2024)

숨은 명화

미술관은 계단식 논과 바다 경치를 살린 언덕에 자리 잡고 있다. 기둥 없이 흙을 쌓아올려 그 위에 콘크리트를 굳힌 다음 흙을 파내는 방식으로 지었다. 자연 지형과 어우러져 땅 아래 있다. 높은 곳에서 보면 하얀 조개 모양 지붕만 보인다.

미술관 안은 하얀 도화지처럼 묵언 중이다. 천장과 벽은 구분 없는 돔 모양이다. 신발과 양말까지 벗으니 발바닥에 전해오는 기운으로 마음도 한결 가볍다. 벽에는 한 점 그림도 걸려 있지 않았다. 크게 뚫린 구멍 사이로 언뜻 나무와 쪽빛 하늘이 시친 일행을 부르고 있을 뿐이다.

도슨트가 과제를 하나 준다. 천장에 붙어 흘러내린 세 가닥 실을 찾으라는 것이다. 금세 하나를 찾고 두 개를 찾으려고 목을 길게 빼 천장을 휘저었다. 두 개의 실은 미세한 바람을 타고 자신의 존재를 보여 주었다.

바닥에는 물방울이 고여 있다. 크고 작은 물방울은 들어온 빛으로 색을 입고, 미세한 바람으로 출렁거리고 있다.

뚫린 구멍으로 들어오는 자연광으로 타원형 모양의 다른 구멍이 바닥에 그림자처럼 생겼다. 한쪽 구멍은 바람에 몸을 맡긴 두 그루 나무가 말을 주고받는 것 같았다. 맞은편 구멍으로는 품 넓은 하늘에 높이 솟은 나무 우듬지만 살짝 얼굴을 내밀고 있다.

시멘트 바닥에 눕는다. 천장과 벽은 구분 없이 둥그스름하여 실내가 실제보다 넓게 보인다. 땀이 날까 말까 했는데 눈을 감고 팔 벌려 큰대자로 누우니 "아 좋구나!" 하는 탄성이 절로 나왔다. 몸이 서서히 풀리기 시작했다. 구멍 양옆으로 매어 있는 굵은 끈이 바람 방향이나 세기에 따라 움직였다. 바람은 내게 무슨 말을 전하려 하는 것일까.

쪽빛 하늘 캔버스에는 새소리와 바람 소리, 구름으로 채워져 있다. 셀 수 없는 그림들이 수시로 내 앞에 펼쳐진다. 벽에 걸려 있는 그림을 보고 화가의 미학이나 철학을 알아보려 했던 시간이 순간 무너져 내렸다. 작품 제목도 없고 작품 숫자도 셀 수 없는 미술관. 하여 명상과 빛의 예술 여행이라 이름 붙였나 싶기도 하다.

관람객들은 각자의 방식으로 숨어 있는 그림을 감상하고 있다.

한참을 누워 있으니 등으로 서늘한 기운이 올라와 양반다리를 하고 눈을 감는다. 세상 시름 내려놓고 잠시 마음의 근력을 키우고 싶지만, 머릿속에 그려지는 이들은 세상을 떠난 사람들이다.

흩어지는 마음을 추스르고 바람에 몸을 맡겨 본다. 바닥을 평평하게 만들지 않아 바닥에 있는 물방울들은 제멋대로 굴러간다. 구멍으로 들어오는 빛과 바람에 흔들리며 흘러가다 합쳐져 큰 물방울이 되었다가 다시 흩어지기를 반복한다.

할아버지와 할머니, 아들과 딸 그리고 손자와 손녀까지 모여 사는 작은 우주처럼 보인다. 고향 떠나 살다가 돌아온 그곳에는 추억과 그리움 그리고 사랑이 있었다. 언젠가는 물방울들도 다시 모두 본향으로 돌아가겠지만, 지금 이 순간은 충만해 보인다.

미술관에서 자유시간을 누린 뒤에 이글루 카페로 들어선다. 에어컨이 고장나 후끈한 열기로 가득하다. 냉커피와 쌀 푸딩을 주문하고 밖으로 나오니 멀리 보이는 아기자기한 섬과 바다가 눈앞에 펼쳐진다. 토끼풀밭에 두 다리 뻗고 털썩 앉았다.

행운의 네 잎 클로버는 눈에 띄지 않았으나, 행복하게 무리지은 세 잎 클로버가 옛일을 추억하게 한다. 토끼풀꽃을 뜯어 반지와 팔찌를 만들던 유년의 행복했던 시절을 그리며 미술관에서 느낀 감동을 떠올리고 있다.

세상 만물에 숨어 있는 깊은 뜻을 읽지 못하고 겉모습만으로 판단해 왔던 나를 돌아본다. 격조 없이 뱉어 버린 말이나 경박한 몸짓들, 나만의 동굴 속에 살아온 생각으로 사람들과의 관계를 소원하게 만들지는 않았을지.

혹, "데시마 미술관에는 어떤 그림이 걸려 있나요?" 묻는 이가 있다면 어떻게 답해야 하나 궁리 중이다. (2025)

침묵

성지 순례 신청자를 받고 있었다. 일찌감치 나가사키 명단에 이름을 올렸다. 한두 명 차이로 일본 나가사키로 결정되었다. 세례를 받은 후 성지 순례는 소망 목록 중 하나였다. 〈침묵〉 소설과 영화를 보고, 언젠가 꼭 가 보고 싶은 순례지로 묻어 두었었다. 소설 배경이 된 곳으로 떠난다니, 책을 다시 꺼냈다.

첫머리는 이렇게 시작된다.

> 로마 교황청에 한 가지 보고가 들어왔다. 포르투갈 예수회에서 파견한 페레이라 크리스티반 신부가 나가사키에서 '구멍 매달기' 고문을 받고 배교를 맹세했다는 것이다. 신부는 일본에 체류한 지 33년이 되는데, 주교라는 최고의 직책에 있으면서 사제와 신자를 통솔해 온 성직자다.

두 번째 읽는 책이지만, 손에서 놓지 못하게 만들었다.

페레이라 신부 제자였던 로드리고와 카르페 신부는 교황청 허락을 받고 일본에 잠입하게 된다. 그리고 박해로 동료 신부와 신자들이 죽어 가는 것을 보고 침묵만 하는 하느님에 대한 믿음을 잃어 간다.

극적으로 스승 신부를 만나지만 제자에게 배교를 강요한다. 로드리고는 자신이 배교하지 않으면 고문당하는 신자가 늘어날 수밖에 없다는 고뇌에 빠진다. 결국 후미에(성화 밟기)를 하게 된다. 로드리고 신부는 예수의 목소리를 듣는다.

> "밟아라. 성화를 밟아라. 나는 너희에게 밟히기 위해 존재하느니라. 밟은 너의 발이 아플 것이니, 그 아픔만으로도 충분하느니라."

배교를 당할 힘든 상황에 놓여 있는 어린양을 보면서 하느님은 침묵했다. 하늘도 바다도 온천수도 말이 없었다. 그리스도의 뜻을 살리기 위해 신앙을 버리고 사람을 살릴 것인가, 죽음을 불사하고 순교 정신으로 신앙을 지킬 것인가 하는 상황에 놓인 그리스도인들의 갈등은 풀 수 없는 숙제가 아닌가 싶었다. 현재를 사는 우리에게는 이런 박해는 있을 수 없는 일이겠으니, 신앙 선조들의 힘들었던 상황에 조금 다가설 뿐이다.

삶의 방향을 잃어버린 노작가의 울부짖음은 “하느님, 저에게 왜 이런 고통을 주시나요? 한말씀만 하소서”였다. 하느님이 이 번만큼은 해결해 주실 줄 알았는데, 아무런 응답도 없는 하느님으로 좌절에 빠진 사람도, 또 다른 이유로 교회를 떠나가는 이들도 있다.

일정표에는 없는데, 점심을 먹은 소토메 식당 바로 아래 ‘엔도 슈사쿠 문학관’이 있다는 말을 듣고 교우 대여섯 명과 흥분된 마음으로 내려갔다. 그레고리오 성가가 우리를 맞아 주었다. 홀 입구는 〈침묵〉의 문학세계와 소토메 바다를 이미지화하여 푸른 색을 바탕으로 한 스테인드글라스가 독특한 분위기를 자아냈다.

문학관에 있는 자료들 설명이 일본어로만 되어 있어 느낌으로 감상했다. 영어가 곁들어 있으면 조금 더 이해가 잘 되었을 텐데 하는 아쉬움이 있었다. 엔도 슈샤쿠(1923~1996)는 폐렴으로 세상을 떠났다. 타계 후 그의 문학정신을 상징하는 소토메에 문학관이 건설되었다.

〈침묵〉은 엔도 슈사쿠가 17세기 일본의 역사적 사실과 기록을 바탕으로 쓴 역사소설이다. 외가는 물론 자신도 가톨릭 신자였다. 오랫동안 신학적 주제가 되어 온 ‘하느님은 고통의 순간에 어디에 계시는가?’라는 문제를 박해 상황을 토대로 진지하게 그려낸 작품이다.

소설을 읽다 보면 허구가 아닌 사실로 다가온다. 소토메 바다와 마주하니 소설 속 장면이 스멀스멀 올라왔다. 바다는 고요하고 비가 내리고 있었다. 십자가에 묶인 신자들은 밀물과 썰물에 의해 보였다 잠기기를 일주일 이상하다가 아사한다. 그것도 모자라 시신을 불에 태워 바다에 뿌렸다. 바다는 푸르기만 하고 하느님은 말이 없었다.

예수는 십자가에 못박혀 하늘을 우러러 "아버지여, 어찌하여 저를 버리셨나이까"라고 부르짖었다. 응답이 없었다. 사는 동안 우리는 힘과 능력으로 감당할 수 없는 한계에 종종 부딪힌다. 질병이나 가난, 그 너머 죽음 같은 문제에서 인간은 연약한 존재이기에 신께 간구해 보지만 돌아오는 답은 침묵이다. 열리지 않은 귀로 하느님 음성을 듣지 못했을 것이다. 그분과 영적 소통을 한다는 것은 힘들고 지난한 일이다. 들을 수 있는 귀는 언제쯤 뚫리려나.

우리의 삶은 '한말씀만 하소서'를 부르짖으며 살아가야 하는지도 모르겠다. (2023)

시 수필

저녁 무렵의 고요

경계의 시간에 해금 선율이 고요를 품는다.
먼바다와 서쪽 하늘가에서 번득이는
까치 노을이 밀밭을 황금빛으로 색칠하고 있다.

고왔던 이들을 아픈 가슴에 묻고
오늘도 작고 비좁은 사랑 때문에
가슴 치는 일이 없었기를 간구한다.

이제 곧 어둠이 천천히 내릴 것이다.
내일 다시 어둠을 이기는 찬란한 빛 떠올라
오늘 밤에도 변함없는 그분의 은총과 자비로
새 아침을 편안히 맞이할 수 있기를 소망한다. (2025)

밀어주다

그가 왔다. 물리적으로 떨어져 있어 목마른 나에게는 먼 이야기였다. 미술은 오랜 시간 전시하지만 음악회는 하루나 이틀에 끝나, 먼 산만 바라보다 돌아오는 기분이다.

'엘 시스테마(El Sistema)'는 베네수엘라 음악교육재단이다. 세상에 알려진 것은 구스타브 두다멜 때문일 것이다. 그는 27세 나이에 LA 필하모닉 오케스트라 감독으로 선정되었다.

세계는 두다멜을 넘어 존재가 미미한 남미 베네수엘라에서 벌어지고 있는 현상에 주목하기 시작했다. 17년간 지휘봉을 잡았던 그가 뉴욕 필하모니로 가게 되면서 한국 관객들에게 고별 인사를 하러 온 것이다.

초등학교 5학년 때 읍내로 전학을 갔다. 담임 선생님은 합창과 악대반을 운영하고 계셨는데, 세라복을 입고 다니는 친구들에 대한 호기심으로 합창반에 들어가 알토 부분을 맡았고, 악대반에서는 멜로디언을 불게 되었다. 전학 와서 어색한 분위기를 이겨 내고 학교생활이 마냥 즐거웠다. 피아노를 잘 치는 동창은 다른 반에 있었다.

베네수엘라 경제학자이고 문화부 장관을 역임한 아브레우는 아주 작은 시도를 한다. 가난한 소년들에게 무엇을 해 주어야 한다고 생각하고 있을 즈음, 지하 주차장에서 놀고 있는 동네 아이들에게 악기를 하나씩 쥐어 준다.

"앞으로는 너희들이 역사를 만들어 갈 거야" 하면서 연주 연습을 시작했다. 악기도 무료로 제공하고 교습도 무료였다. 이렇게 자란 아이들은 매우 빠르게 발전하여 유럽의 음악학교에 입학할 수준에 이르렀고, 지금은 미 서부 오케스트라에서 엘 시스테마 출신 단원들을 쉽게 볼 수 있게 되었다.

동창 K는 합창반 반주자였다. 전도 합창 경연대회에 참가하기 위해 방과 후에 집에서 저녁을 먹고 학교 강당이라 할 것도 없는 창고에 모여 연습했다. 분야별로 연습하니 쉬기도 하지만, 반주자는 쉴 수가 없었다. 친구가 힘들겠다는 생각도 들었다. 선생님 눈에 재능이 보여 반주자로 뽑힌 것이 아니겠는가.

읍내에서 피아노 교습을 받을 수 있는 곳은 담임 선생님 댁이다. 주로 사모님이 가르쳤고, 종종 선생님께 개인지도를 받았다. 적지 않는 비용을 내야 했다. 어른이 되어 지인에게서 들은 이야기인데, K는 무료였다고 한다. 일반 가정과는 다른 환경인 것을 알고 재능이 있는 제자를 마음에 두었던 것 같다.

거리를 뒹굴던 아이들은 음악을 사랑하게 되고 세상이 따뜻해졌다. 아이들이 손쉽게 돈을 벌 수 있는 마약에서 빠져나오게 된 것은, 한 지성인이 시작한 운동으로 세상을 바꿔 놓았다. 지휘자 클라우디오 아바도와 구스타브 두다멜, 콘트라베이스 주자 에디슨 루이스는 모두 엘 시스테마 출신이다.

여고 시절에 큰 체육관이 지어졌다. 재일교포가 후원하여 강당에 피아노까지 들여놓았다. K는 초등학교에 이어 여고 시절에도 피아노 반주를 맡았다. K를 넘을 만한 실력자가 없었다. 무용 수업이 있을 때는 강당에서 기본 스텝을 배웠다. 수업이 끝나면 내가 "누구야, 우리를 위해 피아노 좀 쳐줄래?" 하면 멋쩍은 표정으로 악보도 없이 명곡을 선사해 주었다. "다시 한번!" 하고 외치면 청을 들어주었는데, 시작종이 울려 서둘러 교실로 달려왔던 기억이 생생하다.

K는 성인이 되어 자기 이름을 단 피아노 학원을 차렸다. 녹록지

않은 생활이었다고 들었지만, 하나뿐인 딸도 피아노를 전공하여 모녀가 운영하고 있다. 전공하지 않았는데도 재능을 키울 수 있었던 것은 선생님의 안목이 있었기에 가능한 일이었다.

지금도 엘 시스테마 음악교육은 계속되고 있다. 엘 시스테마 출신 음악가 활동 이야기가 들릴 때면, K의 삶과 겹쳐진다. 재능을 발견하여 성장하게 해 주신 선생님은 오래전에 별이 되셨지만, 제자의 음악적인 삶을 흐뭇한 모습으로 보고 있으리라 믿는다. (2025)

빈 의자

〈고흐의 방〉 그림에는 두 개의 의자가 있다. 고흐는 고갱과 함께하는 날을 기다리며 두 개의 의자, 두 개의 문, 두 개의 베개를 그려 고갱에게 보냈다. 의자는 자신이 혹은 다른 누군가가 앉을 수도 있고, 누군가를 기다리는 아이콘이다.

파란 잔디밭 북쪽과 서쪽에는 벚꽃이 만발했다. 남편은 운동장을 한 바퀴 돌고는 쉬겠다며 벚나무 아래 나무의자에 앉아 있고, 나는 몇 바퀴 더 돌았다. 건강을 유지하기 위한 선택지가 많지 않았다. 군형 잡힌 식생활과 걷기, 긍정적인 생각을 가지는 것 정도였다.

심한 운동을 할 수 없으니 아침 식사 전에 대학 운동장을 산책하고 오는 것이 최소한의 몸부림이었다. 남편은 두 번 가을과 겨울, 한 번의 봄을 보내고 다시 가을을 맞을 수가 없었다.

우리가 산책하는 시간에 만나는 어르신이 있었다. 연세가 조금 있게 보이는 그분은 빠른 걸음으로 맨발로 걸었다. 언제부턴가 혼자 걷는 나를 보고는 남편의 안부를 물었다.

"점잖은 양반은 어디에 갔어요?"

"오늘은 저 혼자 왔어요."

착한 거짓말이 튀어나왔다. 남편 얼굴과 행동에서 환자임을 알아차렸을 거다. 그런 일이 있은 후에는 몇 번 다니다가 그곳으로 아침 운동을 가지 못했다. 솔직하게 대답하지 못한 죄송한 마음도 있었지만, 벚나무 아래 나무의자에 앉아 있는 그림자가 보였기 때문이다. 사람들이 많은 곳과 만나는 일을 스스로 차단하고 있었다. 이삼 년 동안은 동네 다른 길을 탐색했으니 자연스럽게 그곳과는 마음이 멀어졌다.

어느 날 산책하고 돌아오는 길에 그 운동장 쪽으로 몸이 움직였다. 벚꽃이 지고 잎이 무성했다가 단풍이 들었고, 낙엽도 빈 의자 주변에 수북이 내려앉았다. 의자에 앉을 용기는 나지 않고 두어 바퀴 돌다 집으로 향했다.

십여 년 시간이 어찌 지났는지 모르겠다. 마음을 추스르기 위한 국내외 성지 순례와 소망 목록에 넣어 두었던 먼 나라도 다녀왔다. 가족들에게도 많은 변화가 있었다. 작은애가 동반자를 찾아 보금자리를 꾸렸고, 두 분 어머님도 천국에 계시다. 가족 경조사에 베드로의 빈 자리는 너무 넓었다.

정원에 하얀 철제의자가 있다. 초록 잔디와 어울리겠다 싶어 사들였다. 텃밭이나 정원을 돌볼 때 손전화기나 음료 등을 올려놓거나, 잠시 숨을 고를 수 있는 쉼터다. 거실이나 안방에서 밖으로 눈을 돌리면 어김없이 먼저 눈에 들어오는 것이 빈 의자다. 어떤 곳에서건 빈 의자만 보이면 베드로를 소환하게 되는 것이 아닌가.

빈 의자는 공예품인 조랑말 두 마리와 늘 함께 있다. 조랑말 두 개를 사겠다고 생각하게 된 것은 무슨 연유였던가. 하루에 한 번 이상 정원으로 들고난다. 조랑말은 무언가를 말하고 있는 듯 서로 눈을 마주보고 있다. (2025)

세상에서 가장 맛있는 것

식탁에 앉으면 눈에 들어오는 그림이 있다. 화강암 질감을 나타낸 단색화다. 그림 속 여인은 지친 듯 턱을 괴고 눈을 감은 채 고단함이 묻어나는 표정을 짓고 있다. 여인 앞에 놓여 있는 소금은 푸짐하다. 여인과 소금만이 화폭을 가득 메운다. 소금을 떠올리면 정전이 잦았던 시간으로 들어간다.

시골 할머니 댁과 큰집에는 전기가 들어오지 않았던 때다. 읍내 우리 집에는 백열전등이 세상을 환하게 해 주었지만, 무슨 연유인지 툭하면 정전이 잦았다. 밤중에 정전이 되면 하던 공부는 미루면 되었으나, 저녁을 먹다가 그리 되면 불편함이 이만저만 아니었다.

하루 정리가 끝나고 잠자리에 들기 전 정전이 되면 아버지의 귀신 이야기가 시작되었다. 아버지 목소리가 크고 굵어 진짜 귀신이 집으로 쳐들어올 것 같은 분위기에 이불을 덮고 귀만 쫑긋 세워 듣곤 했다. 다른 이야기를 해 달라고 하면 퀴즈를 낼 테니 맞혀 보란다.

"세상에서 가장 맛있는 것은 무엇일까?"

밥, 떡, 설탕, 과자, 물 등 다양한 답이 나왔다.

"소금이다."

"애개, 어째서 그게 답이에요?"

종교를 가지고 있지 않았던 아버지는 성경 말씀을 이야기하려는 것은 아니었다.

아무리 맛있는 음식이라도 소금 간이 맞지 않으면 훌륭한 음식이 될 수 없다는 아버지의 논리에 우리는 굴복하고야 말았다. 소금은 소리가 없고 냄새도 없으며 화려하지도 않다. 그러나 모든 음식의 맛을 내는 데 꼭 필요한 조미료다. 부족하지도 넘치지도 않은 적절한 균형에서 음식 맛이 결정된다.

소금 섭취에 관한 논란이 끊이지 않고 있다. 한국인에게 소금 섭취량을 줄이라고 권고하는 안이 있었다. 짜게 먹지 않는 습관을 고치기에는 모두 힘들어했다. 또 한편에서는 소금으로 모든 병을 고친다면서 줄이지 말고 좋은 소금을 먹으라고 권한다.

건강에 관심이 많은 현대인은 서로에게 좋은 소금을 선물하기도 한다.

소금 역사도 흥미롭다. 소금으로 세금도 냈으며, 소금을 얻기 위한 노력은 수 세기 동안 끊이지 않았다. 소금이 묻힌 땅을 빼앗기 위해 전쟁을 벌였고, 소금을 얻기 위해 새로운 땅을 찾아갔다. 소금 바위를 캐내면 비싼 값에 팔 수 있었고, 소금을 가진 사람은 부자가 될 수 있었다. 베네치아나 잘츠부르크도 소금을 팔아 번성하였고, 소금 무역이 활발하면서 무역로가 개척되었다. 유럽에서는 짜게 먹는 것이 부의 상징이었던 때가 있었기에, 지금도 음식이 짜다는 말이 생겨날 정도다.

프랑스에서는 황실에 소금을 많이 챙겨 놓았는데, 소금을 사고팔 때 소금세가 너무 많아서 백성들의 원성을 사기도 했다. 심지어 소금 대신 노예로 팔려 가는 사람들도 있었다. 소금은 오곡 다음으로 귀해서 나라에 진상까지 했다. 인도를 정복한 영국이 인도에서 소금값을 두 배로 올리자 가난한 서민들의 생활이 어려워져 비폭력 행진까지 했다. 소금은 이토록 쓰리고 아픈 역사의 그늘이 있었던 거다.

이런저런 역사적 사실을 넘어 예수님께서 "너희가 세상의 소금이다. 그러나 소금이 제맛을 잃으면 무엇으로 다시 짜게 할 수 있겠느냐? 아무 쓸모가 없으니 밖에 버려져 사람들에게 짓밟을 것이다"(마태복음 15:13)라고 한 말씀을 떠올린다.

짠맛을 내는 유일한 물질인 소금의 고유성, 흰 색깔에서 비롯된 순수함, 오랜 시간이 지나도 썩거나 변하지 않는 영원불변함. 소금은 결코 자신을 내세우지 않으면서 이웃을 변화시키며 세상을 변화시킨다. 버림받은 이들, 가난한 이들, 병든 이들, 어려운 이들에게 소금이 녹아 스며들어 따뜻하고 살 만한 세상이 되었으면 좋겠다.

소금은 조화와 균형을 이루면서 살아야 할 삶의 원리를 우리에게 던져 준다. 아버지가 내었던 퀴즈도 묵직하게 들려온다.

(2018)

둘째 마당

벽을 허물다

마음을 연다는 것
계산하지 않는다는 것
있는 그대로 꾸밈없이 보인다는 것
경계하지 않는 것은
벽을 허무는 일이다.

– 〈벽을 허물다〉 중에서

벽을 허물다

현관으로 들어가지 않고 동쪽 벽을 돌아 정원으로 간다. 가끔 탁 트인 뒷마당과 멀리 보이는 바다를 눈앞에 두고 싶어 동선을 바꾼다. 우리 집을 중심으로 다섯 가구 정원이 가까이, 조금 멀리 펼쳐진다. 집의 경계는 벽돌 한 장 누운 높이다.

고기 굽는 냄새는 어느 집에서 나는 것인지, 정원에는 언제 나와 살피는지, 어떤 손님이 오고가는지 감각적으로 알 수 있다. 다섯 가구가 있으니 편의상 호수로 부르는데, 우리 집은 3호 집이다. 잦은 왕래는 없을지라도 탁 트인 정원이 내 집처럼 편안하다.

4호 집은 관리하는 분이 청소도 하고 정원도 손보고 있다. 내가 먼저 인사를 건넸다. 마침 같은 고향 선배여서 올 때마다 편안하게 차도 한잔 마시게 되고, 주인 이야기를 대충 듣게 되었다. U시에 살면서 교육사업을 하시는 분이 가끔 사용하는 세컨드 하우스다.

장마철 어느 날, 택시 한 대가 골목으로 들어오는 소리가 들렸다. 4호 집주인인가 싶어 부엌에서 일을 보다가 인사를 나누려고 했다. 잠깐 집 안으로 들어갔다가 나와 현관 앞에서 전화하는 소리가 부엌까지 들렸다. 콜택시를 불렀는데 오지 못하겠다는 이야기 같았다. 인사도 할 겸 문을 나섰다.

간단하게 나를 소개했다. 그런데 장대비는 내리고 비행기 시간에 맞춰 가야 하는 상황이었다. 공항에 태워다 드리겠다고 하니, 흔쾌히 받아 주었다. 제주에서 사립학교 대표회의가 있어 왔다가 집을 보고 가려고 들렀다고 한다.

장맛비 타고 전화벨 소리가 요란하게 울렸다. 비행기 탈 시간이라고, 부산 공항에 도착했다고, 리무진 타고 집으로 간다고, 집에 도착했노라고. 집에 도착하기까지 아이가 엄마에게 무사하다는 인사를 하는 듯 감사 인사가 거듭거듭 꼬리를 물었다. 나보다 열네 살이나 넘은 분이다.

벽돌 하나 경계마저 무너지기 시작했다. 세상에 얼마나 많은 벽이 우리를 옥죄고 있지 않은가. 가족과 이웃과 넓게는 사회와 인종과의 벽들로. 차 안에서 이십여 분으로 경계를 허물 수 있었다니, 그날은 기분 좋게 잠자리에 들었다.

정기적으로 방문하지는 않았다. 지인들에게 제주 집을 개방하는 열린 마음을 가진 가족이다. 서서히 안주인과 자녀 가족까지 인사를 나누게 되었다. 이제는 언제 오시나 기다려질 정도가 되었다. 아직 하는 일에서 은퇴하지 않고 사회의 일원으로 힘을 보태고 있는 글라라 자매님은 유아교육에, 벨라도 형제님은 고등예술교육으로 늘 바쁘다. 시간이 흐르면서 이분들의 선한 영향력을 느끼며 지내고 있다.

한 발짝만 넘으면 갈 수 있는 곳, 4호 집이다. 그들은 내려오자마자 나를 불러 선물 보따리를 건넸다. 물건을 사러 갔다가 내 생각이 났다면서 쌓아 둔 선물이 작은 트렁크 가득이다. 제주에 내려올 기간이 길어지면 택배로 보낸다. 이젠 며느님까지 합세다. 나이와 지방, 명예와 금전의 벽도 허물어졌다. 지금껏 살아온 이야기가 판도라 상자처럼 깊은 밤까지 끊이질 않는다. 많은 후학을 길러냈고 길러내고 있다.

이제는 맺었던 인연들도 정리해야 할 때라고 했던가. 큰오빠라고 생각하라 했다. 하여 올케언니도 생겼고, 손자와 손녀들도 덤으로 받았다. 기쁨과 슬픔을 함께 나눌 수 있는 오라버니 가족이 내게 온 것은 은총이고 축복이다.

마음을 연다는 것, 계산하지 않는다는 것, 있는 그대로 꾸밈없이 보인다는 것, 경계하지 않는 것은 벽을 허무는 일이다.

오늘도 주인 없는 4호 집 정원으로 한 발짝 들여놓는다.

(2024)

기적의 샘터에서

선배 언니 댁이다. 언니 시누분이 한걸음에 달려오셨다. 열심히 생활하던 올케가 큰 병원에 간다는 소식을 들었을 때, 얼마나 마음 졸였을까. “너는 꼭 나을 거야. 그래서 이 물을 가져왔어.” 갑작스러운 발병에다 수술도 못한다니 절망에 빠진 상태였다.

당시 나는 가톨릭 신자가 아니어서 성모님과 하느님에 대한 믿음이 강하지 않은 터라 기적이란 것이 있기는 한 건지 의심하던 때였다. 시누분 이야기를 들으면서 참으로 신앙이 깊은 분이라는 생각이 들었다.

이번 성지 순례 중 큰 목적 하나가 루르드에 오는 것이다. 포르투갈 파티마와 멕시코 과달루페와 함께 성모님이 발현된 곳이기 때문이다. 프랑스 남서쪽 피레네산맥 기슭, 시골 마을

루르드에서 14세 소녀 베르나데트에게 성모님이 발현되어 신앙의 중심지로 자리매김하면서 150년이 지난 지금도 인파가 몰리고 있다.

발현은 18차례나 계속되었으며, 성모 마리아는 자신을 '원죄 없이 잉태된 이'라고 소개하면서 죄인들을 위해 기도하고 작은 성당을 짓도록 명했다. 또 땅을 파서 샘물을 마시도록 했다. '기적의 샘물'이다. 언니네 시누분이 가져온 것으로 짐작이 갔다.

치유의 샘물에 침수하기 위해 긴 줄이 섰다. 9시부터 시작되는데, 한 시간 전에 미리 가 있어야 오후 일정을 무난히 소화할 수 있었다. 기다리는 시간에는 현지 봉사자와 함께 묵주기도를 바쳤다. 봉사자들이 뜨개질한 무릎 덮개는 차가운 아침 공기를 감싸는 데 충분하였다.

휠체어를 탄 환자가 가족 도움으로 줄 서 있고, 태어나서 몇 개월 안 된 아기도 엄마 품에서 침수를 기다리고 있었다. 이 먼 곳까지 와서 병을 고쳐 보겠다는, 위안이라도 삼겠다는 의지를 성모님도 보고 계시겠다 싶다.

봉사자들 도움으로 침수를 마쳤다. 말은 통하지 않아도 안내 수녀님 설명을 듣고 눈치껏 무난하게 할 수 있었다. 원하는 바를 기도하라는 신호를 받아, 모든 병자와 나이 든 어르신들에게 성모님의 은총을 청했다. 나의 영혼도 깨끗하게 씻어 달라고 덧붙였다.

3만 명을 수용할 수 있는 성 비오 10세 성당에서 매일 오후 5시에 거행되는 '성체강복' 예식에 참가하였다. 휠체어에 앉은 환자들이 성체 뒤를 따라 입장하기 시작하자 앉아 있던 사람들이 일어서서 맞이한다. 순례자들과 병자와 세계 각지에서 모인 성직자와 수도자들이 함께 참례하는 장엄한 예식이었다.

성모님 발현 이래 이곳에서는 수많은 기적이 일어났고, 오늘날에도 계속되고 있다. 시각장애인이 눈을 뜨고, 절름발이가 목발을 버리게 되고, 여러 가지 불치병이 낫는 기적이 일어나고 있다.

치유는 몸에 난 병만이 아닌 영적인 치료까지를 아우를 것으로 생각한다. 몇십 년 동안 냉담자(쉬는 교우)가 회두(回頭)를 하고, 근심 있는 사람이 평화와 위로를 얻으며, 기적을 받으러 왔던 사람들이 오히려 병이 더 심해져도 실망하지 않고 감사하며 돌아가게 되는 곳이다.

저녁 9시에 시작된 야간 묵주기도 행렬, 두 형제님이 우리나라 국기와 한복을 입은 마리아와 아기 예수가 새겨진 깃발을 들고 앞장섰다. 촛불이 큰 광장을 환하게 비추었다. 죄인들을 위해 기도하라고 당부한 루르드 성모님의 권유에 따라 시작된 묵주기도는 회개와 감동, 잊지 못할 추억을 안겨 주는 단순하지만 장엄한 예식이었다. 형제 한 분이 물음을 던졌다.

"만약에 거동이 자유롭지 못한 가족이 이곳에 오는 것이 소원이라면 선뜻 동행할 수 있을 것인가?"

제주에서 준비한 삼다수 빈 병에 기적의 물을 길어 와 성모님이 새겨진 조그만 병 10개를 사서 나누어 담았다. 이곳에 오고 싶었지만 오지 못하는 지인들과 투병 중인 이들을 위한 작은 선물이다. 순례하는 동안 목을 축일 나를 위한 물도 한 병 담았다.

루르드 감동으로 잠자리에 들었으나, 좀처럼 눈을 붙일 수 없었다. (2018)

꿈을 꾸다

소망 목록 첫 번째에 달아 두었다. 이런저런 이유로 미뤘다가 걱정 없이 집을 비울 수 있는 시간이 내게 왔다. 여행 상품을 찾아 수개월 전 예약을 했다. 떠날 기대로 하루하루가 상큼한 비타민이었다.

5월에 접어들자 거대한 대륙으로 가는 설렘으로 잠을 설치는 날이 잦아졌다. '트레블 카드'도 신청하고, 여행 가방도 일주일 전에 펼쳐 놓았다. 10시간 비행 예정 시간에 딱 맞추어 LAX 공항에 도착했다. 입국 허가를 받기 위해 긴 줄이 이어졌다. 안내자를 동반하지 않았기에 입국 허가 질문에 대한 예비지식을 알고 왔지만 긴장되었다. 무사히 통과하여 현지 안내사 제이슨과 얼굴도장을 찍을 수 있었다.

그해 대학 입학시험 제도는 복잡했다. 예비고사 원서를 낼 때 본고사를 치를 지역을 지정해야 한다. 지역 상한선에 들어야 본고사를 볼 자격을 주었다. 기억이 가물가물하나 두 곳을 신청했지 싶다.

본고사는 전기 대학과 후기 대학으로 나누었다. 아버지는 두 곳에 본고사를 치르라고 등을 떠밀었다. 경쟁이 별로 없는 읍에서 설렁설렁 지내며 실력을 키우지 못해 고향에 있는 후기 대학이나 가게 되면 다행이라고 마음을 졸이고 있었다. 아버지는 나의 실력을 높게 보셨던 것 같다. 실력이 없다고 떨어지는 것이 아니라 운도 따를 수 있다며 힘을 실어 주셨다.

안내자는 그랜드 캐니언을 '그녀'라고 표현했다. 연인의 설레는 마음을 비유한 말일 것이다. 그녀는 멀리 지평선이 되어 우리에게 얼굴을 내밀었다 감추기를 반복했다. 점점 가까이 오면서 언뜻언뜻 보이는 자태에 환호성이 터졌다. 입구를 지났으나 방대해서인지 삼십 분쯤 가야 첫 포인트가 나왔다. 그녀에게 빨리 가고픈 마음에 속이 탔다.

남쪽 절벽이다. 막상 그 앞에 서니 머리가 멈춘 듯했다. 처음 만나서, 너무 오래 기다려서 만난 사람 앞에서 말문이 막히는 것처럼. 그냥 내가 꿈꾸었던 곳에 왔다는 단순한 생각만 맴돌았다. 멋진 포인트를 찾아 사진으로 담았다. "그곳에 서 봐. 멋지네." 일행들 말소리가 여기저기서 들려왔다.

깊이 1.6km, 폭 16km, 길이 35km, 면적 5,000km^2에 달하는 장관을 카메라와 눈에 얼마만큼 담을 수 있겠는가. 인간의 언어로도 글로도 표현 불가능이다. 20억 년 지질학 역사의 산증인이다. 절벽 위에서 내려다보이는 콜로라도 강은 굵은 실처럼 보였다.

수험표를 받을 시간에 맞춰 아버지가 장거리 전화를 하셨다. 수험번호 숫자를 맞추어 보니 좋지 않다고, 아버지식 점괘가 숫자에 들어 있었다. 최선을 다하고 오라는 말이 흐릿하게 들렸다.

본고사는 국, 영, 수 모두 주관식이었다. 영어와 수학은 완성된 답을 적지 못하였고, 국어 시험에 승부를 걸었다. 고등학교 3학년 국어 교과서에 〈그랜드 캐니언을 다녀와서〉 기행문이 실려 있었다. 시험 문제는 그랜드 캐니언을 표현한 온갖 형용사를 풀어 쓰라는 것이었다. 4지선다형과 단답형 정도로만 공부한 시간을 무색하게 만들었다. 본고사와 졸업식이 겹쳐서 졸업식에도 참석하지 못했으니, 작은 마을에 실패담이 퍼졌을 생각으로 마음이 쪼그라들었다.

일행들은 더 멋진 포인트를 찾아가느라 흩어졌다. 그들의 눈에는 가슴에는 어떤 느낌으로 다가오고 있는지도 자못 궁금했다. 그늘이 있는 돌 위에 방짝과 앉았다. 멀리 다채로운 빛을 내는 바위와 장엄한 절경을 연출하는 협곡의 조화가 절묘했다. 마주한 우리에게 무슨 말을 건네려는 걸까. 거대함에 압도되어 버린 왜소한 존재. 삶의 의미를 묻기 전에 현재의 삶이 내게 기대하는 것이 무엇일까를 물어야 할 것 같았다.

6~7천만 년 전부터 지각 융기와 풍화작용으로 만들어진 계곡은 지층에 따라 나타나는 색깔이 다르다고 한다. 계절과 아침과

출처: 네이버

저녁, 하늘과 구름 색에 따라 시시각각 변할 것이다. 어떤 사진 작가는 석양이 비치는 풍광이 마음에 와닿았다고 했다. 시험에 나온 형용사도 기억나지 않았다. 기행문을 쓴 이는 무엇을 보았고 무슨 소리를 들었고 어떤 감흥이 일어났을지….

경비행기를 타고 감상하는 선택 관광이 있었으나, 일행들과 휴게실 영상으로 간접 체험했다. 화면을 동영상과 사진으로 저장해 두었다. 협곡은 콜로라도 강이 흐르면서 일 년에 4cm씩 깎인다. 먼 미래에 그녀는 어떤 모습을 보여 줄까. 거대한 협곡이 만들어 낸 신비에 잠시 들어가 본 시간이었다.

숙소로 돌아가는 버스에 올랐다. 휴게소에서 산 그랜드 캐니언 사계절 그림엽서를 보며 눈앞에 펼쳐졌던 풍광을 떠올린다. 버스 안에 흘러나오는 "what a wonderful world"와 '봄의 세레나데'가 오늘을 어느 멋진 날로 기억하라 한다.

때론 고통이 찾아왔을 때, 약해서 슬플 때, 누군가 몰라주어 외로울 때, 무언가에 한계를 느낄 때, 억겁의 세월을 침묵으로 견디어 온 이곳을 떠올리리라.

라플린 숙소로 가는 동안 넓은 곳에서 높게 날기를 원했던 아버님 목소리도 들리는 듯했다. 돌아오는 여행길에서 또 다른 꿈을 꾼다. (2024)

피아노가 있는 풍경

온화하다 못해 따스하다. 갈색 머리에 분홍색 옷을 입은 소녀와 금빛 머리에 흰 옷을 입은 소녀가 앉아 있다. 비밀 이야기라도 나누는 자매로 보인다. 화면이 꽉 찬 구도는 피아노 치는 소녀들에게 모든 시선이 모인다.

섬세한 필치로 소녀들의 피부와 머릿결, 옷 주름에서 유연한 곡선이 흐르고 있다. 소녀들은 뒤에 쳐진 커튼과 피아노 위에 놓인 화병과도 잘 어우러져 있다. 당시 중산층 가정의 내밀함을 완벽하게 보여 주고 있었다. 오르세 미술관에 걸려 있는 르누아르 작품 앞에 서서 기억의 강을 더듬어 가고 있다.

소녀들은 피아노를 배우러 담임 선생님 댁으로 몰려들었다. 사모님이 주로 가르치고 선생님도 가끔 봐주셨다. 한 달 교습비는 두부 몇십 개는 살 수 있는 가격이었다. 지금 생각해 보면 어머니가 흔쾌히 허락한 담대함이 어디서 나왔을까 궁금하다.

여학교 강당에 재일교포가 기증한 피아노가 있었다. 초등학교 때 같이 배우러 다닌 친구는 음악 시간에 반주자 역할을 했다. 선생님이 원하는 대로 반주를 잘하니 부러웠다. 시샘이 난 것일까, 어머니에게 피아노 교습을 오래 시키지 않았다고 투정을 부렸다. 몸이 약하여 학교에 다녀오면 힘겨워하였기에 그만두게 한 것이었다.

오를 수 없는 벽을 본 것은 고등학교 때였다. 한 친구 집에 갔는데, 검정 마호가니 피아노가 눈에 들어왔다. 친구 집은 아주 넓었으며 도시락에는 늘 흰 쌀밥과 달걀부침이 들어 있었다. 베토벤의 〈운명〉 첫 소절을 치는 것을 보고 허망한 느낌마저 들었다. 어머니에게 친구 집에 피아노가 있다고 말했다. 부러워하는 딸의 소원을 들어주지 못한 형편이었음을, 어머니 표정에서 알 수 있었다. 아버지 봉급을 일 년간 모아도 살 수 없는 값이었다. 읍내에 피아노는 두 대밖에 없을 때였다.

대학 일 학년, '가정음악' 교양 수업이 있어서 다시 피아노를 배우러 다니다가, 중급 과정 들어가기 직전에 그만두었다. 부모님께 학비와 생활비를 타서 지냈는데, 교습비가 전공서적 두 권을 살 돈이었으니, 언감생심이었다.

집을 옮기면서 피아노를 필요한 사람에게 주려고 하다가 가지고

왔다. 처분하지 못한 것은 진한 사연이 있기 때문이기도 하다. 아이들에게 피아노를 사 주고 싶었다. 사회적으로 소시민적 문화가 퍼지고 있을 때다. 중산층 가정에서는 피아노가 있어 삶에 대한 기쁨과 행복을 추구하고 있었던 분위기였다.

두 아이가 세뱃돈과 용돈을 모아 피아노 사기 작전을 시작하였다. 어느새 차곡차곡 쌓여 백만 원을 훌쩍 넘기고 있었다. 피아노 가격은 120만 원에서 250만 원 정도였다. 마음에 드는 것은 200만 원이 넘었다. 손녀들이 한두 푼씩 모아 피아노를 사기 위한 작전을 친정아버지가 알아차리셨다. 갈 길이 멀다 하시며 나머지 액수를 지원하겠노라고 했다. 옆에서 듣고 있던 친정어머니는 나에게 피아노를 사 주지 못한 것이 한이 되었다며 아버지 뜻을 밀어붙였다.

2층 거실에 오래된 피아노가 주인을 잃은 채 오도카니 앉아 있다. 가끔 아이들이 올 때면 피아노 소리가 울려 퍼진다. 자신들이 즐겨 치던 악보를 펼치면서 유년 시절을 회상했다. 사위도 손자에게 동요를 들려주며 휴가를 즐기고 있었으니, 집을 옮길 때 잘 가져왔다는 생각이 들었다.

왼쪽 집게손가락을 깊게 베어 꿰맨 상태지만, 마음은 피아노을 향해 있다. 건반이 눌렸다가 잘 올라오지 않아 조율도 했다. 악보를 편다. 왼손까지 합세하려니 더듬거리고 눈은 침침하고 어깨에 힘이 들어갔다. 다시 초보 마음으로 동요집을 꺼냈다. 조금 낫다. 올해의 작은 목표를 세워 본다. 간단한 베토벤 곡이나 쇼팽, 비발디 곡 중에서 느린 곡을 연습해 보리라고….

피아노 치던 소녀가 백발의 할머니로 변해 가고 있다. 큰애가 피아노를 배우면서 가정음악회를 열 수 있겠다는 설렘이 있었다. 남편은 대금으로, 나는 해금으로, 작은애는 플룻으로…. 상상으로만 끝나 버린 일이다.

함께할 수 없어 혼자서라도 딩동댕이다. 소확행(小確幸)을 꿈꾼다. (2020)

유치원에서 배운 것들

우리 집 복도는 길고 어둡다. 하여 집을 지을 때 복도에 전등 스위치를 네 개나 만들었지 싶다. 밝기를 조절하기 위해 한 개 또는 두 개, 전부를 켜 놓기도 한다. 손님이 오면 꼰대 소리 들을까 봐 스위치를 전부 누른다. 돌아가면 얼른 끄기도 하지만, 종종 잊어버려 밤새 전기를 낭비하기도 한다.

상경할 때는 손녀 방에 짐을 푼다. 내가 이야기하던 중에 "할머니 방에~" 하면 "○○방이야" 하고 자기 이름을 넣어 고쳐 부른다. 방은 북쪽이고 찬바람막이 커튼이 쳐져 있다. 낮에도 책을 보려면 전등을 켜야 한다.

거실에 있던 손녀가 자기 방으로 쪼르르 달려갔다. "할머니, 온실가스로 지구가 아파요" 하며 전등을 끄고 나왔다. 차 한잔 끓여 다시 방으로 들어가려던 참이어서 그대로 나왔는데, 유치원

다니는 손녀에게 들켜 당황스러웠다.

기후 위기로 공동의 집 지구가 생태 위기에 놓여 있다. “하느님 보시기에 참 좋았다” 한 창조 이야기가 가슴 아리게 다가오는 요즘이다. 돌봄을 소홀히 한 인간은 큰 대가를 치르고 있다. 기후 위기가 종자 위기로, 식량 위기로, 인류 생존 위기로 곤두박질치고 있다.

주일 미사 때 신자들에게 환경에 대한 영상을 보여 주어 경각심을 주고 있다. 달마다 주제를 정하여 생태 실천 사항을 주보에 싣는다. ‘하늘 땅 물 벗’이란 환경단체를 만들어 체험 활동을 하며 환경 캠페인도 벌이고 있다.

태풍이 올라온다는 뉴스를 본 손녀가 아빠에게 테이프를 찾아 달라고 졸랐다. 유치원에서 배웠다며 거실 유리창에 X자로 테이프를 덕지덕지 붙여 놓았다. 태풍이 지나간 뒤 네가 데이프 자국을 없애느라 시간이 걸렸지만, 손녀의 행동에 미소가 절로 나왔다. 태풍의 길목에 사는 제주 사람들은 더욱 강력해지고 잦아진 큰 바람에 마음이 졸아늘고 있다. 이미 코앞에 다가온 자연재해 앞에 무력한 인간의 한계를 느낄 뿐이다.

사부인과 다담을 나누는 시간에 공통 화제는 손녀 이야기다.

나는 손녀를 살펴주는 노고에 감사 인사를 드렸다. 약간 힘든 점도 없지 않지만, 손녀 덕분에 생활에 활력을 준다고 화답했다. 손녀가 사부인 댁에 잠시 머무를 때도 "할머니, 온실가스로 지구가 아파요" 하며 전등을 끈다며, 유치원에 다니면서 날로 커 가는 손녀로부터 삶의 에너지를 받는다고 했다. 아이들은 무엇이든 될 가능성이 있다는 말이 깊이 와 닿았다.

친구와 사이좋게 지내기, 자기 물건 스스로 정리하기, 화장실 사용 후 물 내리고 손 씻기, 선생님께 존댓말 쓰기, 밖에 나갈 때는 옆 사람과 손잡고 같이 가기 등 유치원에서 배운 기본적인 삶의 원칙들이 훗날 멋진 사회의 일원으로 스며들 것이 아니겠는가.

손녀가 다니는 유치원은 일주일에 한 번 '숲 체험'을 하는 특별한 프로그램이 있다. 학부모들에게 입소문이 나서 유치원을 선택하는 기준이 되고 있다. 지적 활동에서 벗어나 자연친화적인 시간을 가지면서 알게 모르게 환경 교육도 하는 셈이다.

숲속에서 자연과 조화로운 삶을 살았던 헨리 데이비드 소로의 삶도 문득 스쳐 간다.

로버트 풀검이 쓴 《내가 정말 알아야 할 모든 것은 유치원에서 배웠다》는 책이 인기 도서가 된 적이 있다. 아직도 절판되지 않고 꾸준히 팔리고 있다. 개인과 집단, 사회와 세계 모두가 건강해지고 행복해지는 데 필요한 덕목은 모두 유치원에서 배웠다고 힘주어 말한다.

손녀가 자라는 모습을 보면서 희망의 불씨를 본다. 자연을 사랑하는 맑은 마음을 키워 지구 지킴이로 성장하기를 기대한다. 내가 어릴 적에 체험한 것들이 얼마나 체화되어 살아가고 있는지도 궁금해진다. (2025)

시 수필

크리스티나 성당의 굴뚝

로마를 떠나는 날
4대 성전 순례로 마음과 몸이 바쁘다.

25년 만에 돌아온 희년
열린 성문을 지난다.
세상에서 지은 죄를 모두 사했다고
거들먹거렸다.

교황 프란치스코의 선종
내일부터 콘클라베가 열린다.

"저기가 그 굴뚝이에요."

한국에 도착한 5월 8일
성당 굴뚝에서 나온 하얀 연기
교황 레오 14세 탄생의 종소리가 울렸다.

베드로 광장에서 기쁨과 환희의 물결로 출렁거렸다

흰 대리석에 장미 한 송이 안고
누워 계신 프란치스코와
새로 탄생한 레오 14세 교황님께 하얀 연기는
어떤 의미였을까.

얼마나 묵중한 그 무엇이었을 것을…. (2025)

출처: 네이버

김밥

가게로 들어선다. 두어 평 남짓한 곳인데, 일하는 세 분 손놀림이 재빠르게 움직인다. 금세 만 김밥을 상자에 담는 것을 보니 배달 주문이 있는 것 같다. 치즈, 우엉, 참치, 소고기, 버섯 김밥 등 종류도 많다. 군침이 돈다. 소풍날 먹었던 기억으로 그대로 지나칠 수가 없다.

김밥을 먹을 수 있는 날은 일 년에 딱 두 번이다. 소풍날 아침 남자 형제들은 꿈속이었으나 나는 일찍 일어나 어머니 도우미로 옆에 앉았다. 어머니는 밥이 고슬고슬하게 지어지지 않았다고 한숨을 쉬기도 하고, 데친 시금치는 식히지 않으면 김밥이 상한다는 말씀을 해 주셨다. 준비한 단무지와 당근, 시금치와 달걀지단을 가지런히 넣어 말아 참기름을 쓱 바르면서 김밥을 썰 때는 칼에 물을 묻혀야 잘 썰리고, 손에 들어가는 힘의 강도를 조절해야 찌그러지지 않는다고 덧붙이셨다.

감의 영양가를 늘 강조하시던 어머니는 참기름을 듬뿍 바른 김구이를 특별 반찬으로 만들어 주셨지만, 김의 독특한 맛은 김밥에서 느낄 수 있는 것이 최고였다. 도우미를 하다가 꽁다리를 먹는 것은 흥이 나는 일이었고 더없는 기쁨이었다.

소풍날 점심시간이 되면 반 친구들끼리 둘러앉거나, 삼삼오오 같이 먹었다. 쌀밥에 자리돔을 구워서 온 친구도 있었다. 친구는 평소 도시락처럼 밥과 반찬이 들어 있었기에, 도시락 뚜껑에 김밥 서너 개를 건넸다. 선뜻 받아 주지 않았고, 묵직한 침묵만 흘렀다.

오락 시간에도 흥이 나지 않았고, 집에 와서도 속상한 마음이 가시질 않았다. 혹여 친구 자존심을 건드리지는 않았는지, 건네지 말았어야 하는 말과 행동에 자책감마저 들어 혼란스러웠다.

우리의 우정은 전학을 오면서 맺어졌다. 아버지 직장과 가까운 곳에 집을 얻었으니, 같은 동네에 살면 모두 친구가 되는 시절이었다. 중학교에 들어가면서 같은 반은 아니었으나 더욱 친밀하게 되었다. 친구들과 후배들은 친구와 나의 관계를 시샘하였고, 선배 언니들은 경쟁자이면서 늘 붙어다니니 우리 사이를 별난 시선으로 보기도 하였다.

공부와 독서량 그리고 말솜씨까지 나보다 한 수 위였다. 시험 공부를 하다가 모르면 서슴없이 묻고, 성탄절과 새해가 가까워지면 손카드를 써서 친구 집 마루에 몰래 가져다 놓기도 했다. 명작을 읽은 감상을 차근차근 들려주기도 하였다.

김밥은 각각 재료로 자기만의 목소리를 내지만, 마는 방법을 조금 변형하면 한 폭 그림이 되었다. 어머니가 만들어 주신 김밥 중에 으뜸은 달걀말이 김밥이다. 김밥을 만 후에 김 크기로 부친 지단으로 다시 한번 말아 데친 실파로 군데군데 묶어서 썰면 완성되었다. 노랑과 초록의 환상적인 조화, 아무리 배가 고파도 허겁지겁 먹을 수 없는 김밥이었다. 눈으로 감상한 후 김밥 한 개를 입에 넣으면 아싹거리는 단무지와 기름에 부친 달걀지단 향기는 어머니 품만큼이나 포근했다.

친구와 연을 맺은 지 반백 년이 훨씬 넘어가고 있다. 우정을 끝까지 키울 수 없음은 음식을 먹다가 체한 듯 가슴 한구석에 남아 내려가지 않고 있다. 벽을 허물기에는 긴 시간이 흘러 버렸다. 종종 학창 시절 추억을 떠올릴 때면 소풍날 기억이 되살아나기도 하고, 순수했던 우정의 시간을 걸어 보기도 한다.

미국 어느 우주비행사는 우주에 다녀왔으나 마지막 미개척

분야는 인간관계라고 했다. 요즘 들어 문득 세상 속 풍경에도 김밥처럼 어울려 지낼 수는 없는 것일까 하는 생각이 든다. 한결같은 마음으로 살기는 쉽지 않았다.

먼바다로 눈을 돌린다. 며칠 궂은 날씨로 고기잡이배들이 보이지 않는다. 검은 구름이 밀려난 자리에 파란 하늘이 보이기 시작하며, 폭풍우에도 늘 그 자리에 있는 섬도 제 모습을 드러낸다.

하늘과 맞닿은 수평선이 평화롭게 누워 있다. (2025)

빛

일 년 간 잠자던 큼지막한 바구니가 세상 밖으로 나왔다. 굵은 철제로 된 삼각대에 원통형 중심대로 틀을 잡았다. 아래는 긴 소나무 가지로, 위로 올라갈수록 작은 가지를 끼우면 이등변 삼각형 모양이 된다. 산타 할아버지, 솔방울, 솜, 지팡이, 눈사람, 색색이 빛나는 줄 장식으로 옷을 입히고 맨 꼭대기는 별 장식을 달았다. 마지막에 백여 개 꼬마전구가 점등되는 순간, 어둡던 긴 복도에 한 줌 온기와 빛을 얹어 주었다. 우리 집 역사와 함께한 성탄 나무다.

첫아이가 다섯 살 되던 해에 샀으니, 삼십오 년이 훨씬 넘은 시간을 되감기하고 있다. 성탄 나무는 딸아이보다 키가 컸었다. 장식품은 해마다 업그레이드되었고, 성탄이 가까워 오면 캐럴과 함께 집 안 분위기를 돋웠다. 성탄 전야에는 아이들에게 산타도

출현했고, 가족들과 음악이 흐르는 레스토랑에서 서양식 음식을 즐기며 보낸 시간은 모래알처럼 빠져나간 지 오래다. 해마다 성탄 나무를 세울 때면 코흘리개 아이가 내 옆에 서 있는 듯하다.

어린 시절에는 불심이 깊은 외할머니와 어머니를 따라 절에 가곤 했다. 어머니는 절에 가자고 붙잡지는 않았다. 종교가 무엇이냐고 물으면 서슴없이 불교라고 대답했고, 부처님 전에 하늘거리는 촛불이 나의 길을 밝혀 주곤 했었다.

부처님의 자비에 기대며 살았던 어머니였지만, 성탄절에는 맛난 음식을 만들어 주셨다. 성탄절은 종교를 떠나 세계인의 축제이지 않은가. 성탄절이 돌아오면 친구들에게 보낼 카드도 몇 장 샀다. 산타 할아버지가 썰매를 끄는, 호랑가시나무에 흰 눈이 소복이 쌓여 있는 정겨운 카드를…. 친한 친구에게 영원히 함께하자며 친구 집 마루에 몰래 가져다 두었던 여학교 시절 기억은 반세기가 넘은 지금도 아련한 추억으로 남아 있다.

교회 달력이 11월 말에 시작된다는 것은 가톨릭 신자가 된 뒤에 알게 되었다. 대림 시기는 성탄 전 4주 동안이다. 다시 올 구세주를 기다리며 예수 그리스도 탄생을 기념하는 시기다. 대림(待臨)이란 말은 '도착'을 뜻하는 '아드벤투스(Adventus)'에서 온 말이다. 교회 달력으로는 대림 첫 주일이 새해 첫날인 셈이다. 올해는 마침 12월 1일이 첫 주일이었으니 세상의 달력과는 딱

한 달 차이가 난다.

성전과 교우들 집에는 대림 초 네 개를 준비한다. 보라색과 연보라색, 분홍색과 흰색이다. 색깔이 진한 초부터 시작하여 점차 연해지는 초를 주마다 밝힌다. 미사를 집전하는 신부님 제의도 초 색과 같다. 요즘 이야기하는 색깔 맞춤인가 싶었는데, 보라색이 회개와 속죄의 색이라는 것도 신앙생활을 하면서 알게 되었다. 미사 갈 때는 초 색과 비슷한 옷을 입거나 스카프를 두르곤 한다.

대림 3주째는 신부님 제의가 분홍색으로 바뀐다. 태양이 떠오르기 전 여명의 빛이라고 한다. 사랑의 헌금과 봉사 활동, 고해성사로 몸과 마음이 바빠지는 시기다. 이때쯤이면 거리에선 구세군 자선냄비도 등장한다.

성전 한쪽에 설치된 커다란 트리는 아직 불이 켜지지 않았다. 빛, 그분의 오심을 기다리고 있다. 어둠을 벗어내고 빛의 옷을 입을 시간이 다가오고 있다. 회개, 평화, 기쁨, 사랑, 믿음, 화해가 온누리에 퍼지길 희망하고 있다.

대림 4주째는 네 개의 초가 모두 켜지고 성당 트리도 성전을 환하게 밝혀 준다. 제대 앞 구유에는 아기 예수가 누워 있다. 꼭대기에 별 장식도 달았으니, 세 동방박사가 별빛 따라 먼 길을 걸어 베들레헴에 도착할 것이다.

예전에는 해마다 성탄 나무를 장식하면서도 깊은 의미를 알지 못했다. 겉으로 나오는 빛의 축제에 젖어 지냈다. 그저 빨간 날이 와서 쉴 수 있다는 단순한 기쁨만 있었다. 인생의 한고비를 훨씬 넘은 즈음에야 여명과 빛의 의미를 조금 들여다볼 수 있었다. 먼 길 돌아 이제야 제자리를 찾아가고 있는 것이 아닐까 싶기도 하다.

성전 트리는 성탄 전야에 밝히면서 주님 공현 축일(1월 2일~8일 사이 주일)까지 켜 놓는다. 우리 집에 성탄 나무를 세우지 못한 그해 12월은 몇십 년 루틴도 갈피를 잡지 못하여 흔들거렸다. 생명이 있는 것은 사라지고 만다는 명제 앞에 무릎을 꿇은 것이 아니었을까.

올해는 예년보다 2주 빨리 설치했다. 우리 집 트리는 성탄 시기가 끝나도 거누지 않는다. 신 서울 지나 매화가 피기 전까지…. 잔잔한 빛에 마음 한 자락 얹고, 어둠을 이긴 빛에 오래 기대고 싶은 게다. (2024)

음악 그리고 나라 사랑

수학여행 떠나는 아이처럼 잠을 설쳤다. 체코 항공에 몸을 싣고 열한 시간 정도 날아왔다. 영화 한 편 보고 기내식과 차를 즐기면서 책을 반 권 정도 읽으니 도착이다. 서머타임이 적용되는 시기라서 일곱 시간 전으로 시계를 돌려놓아 시간을 번 느낌이다.

비행기가 멈추자마자 익숙한 멜로디에 흠칫 놀랐다. 스메타나 '교향시 2악장'이다. 체코 사람들의 나라 사랑에 대한 속살을 보는 것 같았다. 짐을 찾고 출구까지 빨간 카펫이 깔려 있어 몰다우 멜로디와 어우러져 조국 사랑의 열정이 불타는 듯, 공항을 빠져나올 때까지 불타바 선율이 이어졌다.

스메타나는 체코를 대표하는 국민 음악가다. 숨을 거둘 때까지 민족 운동에 앞장서면서 조국에 대한 사랑을 담은 곡들을 많이 발표하였다. 체코는 오스트리아 통치하에 있었다. 그는 혁명의 물결에 휘말려 요주의 인물로 주목되어 스웨덴으로 달아났으나 북극 찬바람에 아내가 생명을 잃었다. 그 후 이탈리아가 오스트리아에 이겨 민족 탄압이 느슨해지자 예술 의욕이 싹트기 시작하였고, 스메타나는 고국으로 돌아왔다. 민족 운동 정점에서 지휘자와 작곡가 그리고 평론가로 활동했다.

여섯 곡으로 이루어진 연작 교향시 〈나의 조국〉을 세상에 내놓았다. 조국의 역사와 자연을 소재로 만든 곡이다. 제2곡 '블타바'는 강 이름으로 독일어로 '몰다우'로 알려져 있다. 보헤미아 남부에서 북으로 흐르기 시작하여 엘베 강과 합류한다.

플루트와 클라리넷으로 두 줄기 강물을 '빠르고 활기차고 성급함 없이' 연주하며 여러 곳을 누비면서 유유히 흘러간다. 강변 정경, 숲속 사냥, 농부 결혼식, 달빛 아래서 윤슬 등을 실감나게 묘사하고 있다. 다시 급한 물줄기로 이어지다가 마지막에는 프라하 시내로 흘러가 과거를 회상하면서 끝난다.

스메타나는 프라하 혁명에도 참여하는 등 애국적인 행동을 했다. 민족적 색채가 짙게 깔린 〈나의 조국〉을 프라하 시에 바쳤다. 체코 사람들을 넘어 음악 애호가들에게도 사랑받는 곡으로 남게 되었다.

버스로 이동하는 동안 가이드가 불타바 강 언덕에 자리 잡은 건물들을 안내한다. 스메타나 박물관을 지나고 있다. 들어가 보지는 않았지만, 그곳에는 몰다우 멜로디가 흐르고 있지 않을까 싶다.

바츨라프 광장은 '프라하의 봄' 현장이다. 자유와 인권, 민주주의를 향한 외침 소리가 들리는 듯하다. 거리 악사들도 스메타나의 곡을 연주하고 있었다.

'존 레넌의 벽' 앞에서 고개를 숙였다. 공산주의 체제에서 억압받던 체코 젊은이들이 비틀스 회원인 존 레넌이 총에 맞아 죽었다는 소식을 듣는다. 그 슬픔과 자유를 열망하며 자신들의 염원을 적어 놓은 곳이다. 자유와 평화, 저항의 상징이 되어 '세계인의 벽'이 되었다. 세계 각국 언어들로 가득 차 있었는데, "Freedom" 단어가 훅 들어왔다.

올해는 광복 80주년이 되는 해다. 프라하에 머무는 동안 기를교를 여러 번 건너면서 유유히 흘러가는 불타바 강을 떠올리며 우리나라가 걸어온 길도 잠시 더듬어 본다. 나라를 되찾기 위해, 전쟁으로 폐허가 된 산하를 일구기 위해, 민주주의를 실현하기 위해 목숨을 바치거나 몸부림쳤던 이들, 역사의 부침 속에서 고향과 조국을 떠나야만 했던 디아스포라들을…. 고난과 희생의 역사였다.

현재 내가 누리는 자유와 평화가 선조들의 희생이 있었음을 얼마나 헤아릴 수 있을까. 별을 세는 마음으로 짧은 생을 살았던 시인과 태극기를 흔들던 어린 열사와 학도병으로 참가했던 친정아버님과 돌아오지 못한 전우도 겹쳐진다.

음악 방송에서도 우리의 역사를 어루만지듯, 광복절 전후에 스메타나 〈나의 조국〉이 자주 선곡되고 있다. '당신은 조국을 위하여 눈물을 흘려본 적이 있는가'라는 물음 앞에서 나는 한없이 작은 존재가 된다. (2025)

셋째 마당

채움과 비움

누군가와 경쟁하며 숨 가쁘게 달려왔던 지난날
나는 무엇을 목표로 달려왔을까
다른 사람을 이기는 것이 아닌,
나를 이기는 달리기를 했던가
나는 지금 무엇을 향해 가고 있나

– 〈달리기에 대한 변명〉 중에서

안성에서의 일 년

마지막 생을 치열하게 살아낸 매미 소리가 그쳤다. 집 안팎 공기도 부담스럽지 않다. 귀뚜라미 소리가 가을을 부른다. 9월 초이틀, 윤동주 〈코스모스〉 시가 실려 있는 시화집을 읽고 있다가 안성에서의 일 년을 더듬어 보았다.

노란색 커다란 트렁크에 짐을 챙겼다. 고향 떠나 발령지로 가는 채비를 해야 했다. 육지살이(?) 대장정에 오른다. 고등학교 때 잠깐 입시 보러 고향을 떠난 이래 두 번째다. 미지의 세계로 떠나는 여린 딸의 걸음에 아버지는 무거운 입을 열었다.

"3·8 이북에 배정되면 곧바로 내려오너라."

경기 이북에 발령 나면 부임하지 말고 고향으로 오라는 말씀이다. 학도병으로 참전했던 아버지는 분단국가의 한계를 잘 알고 계셨다.

배정받은 학교는 다행히 경기 이남 안성이었다. 큰 트렁크를 들고 정문에 들어서니 학생들과 교사들이 나를 신기하게 쳐다보았다. 학교는 편안한 느낌으로 다가왔다. 서울에서 유일하게 고속버스가 다녔다. 전국의 우수한 졸업자들이 총집결된 곳이었다. 시간이 흐르면서 다양한 곳에서 온 미혼 여선생님들의 생활에 스며들었다.

첫 봉급을 받아 산 옷은 청바지다. 어머니는 남자들이 입는 옷이라며 대학 시절 내내 입지 못하게 했다. 이제 직장인이 되었으니 철마다 옷을 마련해야 했다. 가까운 읍에 나가 맞추기도 하고, 휴일에는 서울에 쇼핑하러 다녀오기도 했다. 주중에는 마음에 맞는 동료들과 취미 생활도 즐겼다. 안성에서의 첫 가을 하이라이트는 대림 동산 코스모스길이었다. 여러 번 갔던 것으로 기억한다. 찬바람이 불기 시작했다. 솜씨 좋은 여선생님 댁에서 뜨개질하며 동료애를 싹 틔웠다.

내가 발령받은 해에 오빠는 군에 갔다. 한 살 위 오빠는 재수하여 나와 같은 학번이 되었다. 휴학하지 않아 학업을 계속하였으니 졸업과 동시에 군에 가야만 했다. 육지에 발령을 받았으니 오빠에게 면회 가는 것이 첫 번째 과제였다.

포천군 이동면 ○○부대에 배치되었다. 휴일에 오빠에게 면회 간다고 하니 동료 교사들은 믿지 않았다. 애인이지 오빠이겠냐며 눈웃음을 쳤다. 동료 한 분의 남자 친구가 군에 가 있었기 때문이었는지도 모르겠다.

춘삼월인데 오빠 얼굴은 검게 그을려 있었다. 위병소로 뛰어나오는데 오빠가 아닌 줄 알았다. 겨울에 눈을 많이 치워서 눈에 탄 것이라고 했다. 그새 큰 병을 얻었나 싶어 놀란 가슴을 쓸어내렸다.

다음 과제는 그해 대학에 입학한 동생을 만나러 가는 일이었다. 어린이날 연휴에 1박 2일로 부산행 기차를 탔다. 입석과 좌석을 분간하지도 못한 채 표를 끊었다. 다섯 시간을 서서 가야만 했다. 다리는 퉁퉁 붓고 견디기 힘들었다. 앉아 있는 여성에게 끼어 앉을 수 없느냐고 하고픈 말은 입속에서만 맴돌았다. 참으로 야박한 인심이라는 생각이 들었다. 도시 생활을 몰라도 한참 모르는 철부지였다.

동생이 하숙하고 있는 집에서 대접받은 부산식 소고기뭇국은 진국이었다. 동생은 고등학교 때 놀지 못했다면서 공부는 뒷전이고 놀이에 몰입하고 있다고 자수했다. 그 결과는 나중에 알게 된 일이지만 학점이 바닥을 쳤다. 후회 없는 삶을 위해 군 입대를 결심했다고 한다.

첫 발령지에서 어렵지 않은 시간을 보내고 있었다. 여름 방학 즈음에 제주와 경기도 교환 메시지가 내게 들어왔다. 6개월 만에 내려올 수도 있었지만, 담임을 맡은 아이들이 눈에 밟혔다. 첫 제자들이 아닌가. 30년이 흐른 뒤에 몇 제자들이 보고 싶었다. 제자가 선생님을 찾지, 선생님이 제자를 찾는 일은 거의 없었다. 몇 해 전 간접 루트를 통해 알아보았으나 허탕이었다. 여자아이들이라서 성인이 되어 터를 옮길 수 있지 않은가.

안성에서의 일 년은 첫 직장, 첫 제자, 첫 동료, 처음이란 풋풋함이 있었던 곳이다. 첫 동료인 두 분과는 지금껏 관계를 유지할 수 있어 큰 복을 얻은 셈이다. 오빠와 동생을 타향에서 만날 수 있었던 일은 언제든 꺼내 볼 수 있는 사진첩이다.

각종 매체에서 꽃 축제가 열리는 곳을 소개하며 오는 가을을 만끽하라고 재촉한다. 코스모스 축제에 귀가 열린다. 안성 대림동산 코스모스길과 그해 일 년 생활은 해마다 소환될 것 같다.

(2023)

민들레 홀씨 되어

제주교구 빈첸시오회 순례 일정 중 마지막 코스로 '이태석 신부님 기념관'에 들르는 은총을 받았다. '행복한 날입니다'라는 자막이 우리를 정겹게 맞아 주었다. 관장 신부님이 전해 주는 유쾌한 이야기가 이어지다 암 투병 중에 모자를 쓴 이태석 신부님과 마주하니 숙연한 분위기로 돌아갔다.

이미 책으로 영화로 보았지만, 기념관에서 신부님의 삶을 들여야보다가 영화 〈부활〉을 소환해 냈다.

90 평생 살아온 시어머님의 삶이 저물어 가고 있었다. 먹먹하고 애잔한 마음을 추스르려고 〈부활〉을 상영하는 영화관으로 갔다. 이태석 신부님이 아프리카 남수단 톤즈에서 10년간 봉사활동 하며 그곳 사람들을 육체적·정신적으로 구하여 사랑을 나누어 준 영화 〈울지마 톤즈〉 후속작이다.

의과대학을 졸업하고 사제의 길을 가기로 결심한 신부님은 로마 유학을 마치고 사제서품을 받은 후 남수단으로 떠난다. 긴 내전과 가난과 질병으로 삶이 무너진 곳, 우리는 도저히 상상조차 할 수 없는 곳에서 사제의 길을 걷는다.

어디든지 아픈 이가 있는 곳을 찾아가고, 총소리와 죽음을 일상으로 보고 있던 아이들을 위해 폐허가 된 돈 보스코 고등학교를 완공한다. 신부님 자신도 가난하고 어려웠을 적에 음악으로 위로를 받았던 기억을 되살리며, 브라스 밴드를 만들어 가르친다.

한센병을 앓고 있는 사람들을 자세히 조사하여 독일에 한센병과 결핵치료센터 건립을 제안하며 국제사회에 도움을 청한다. 톤즈에서 11km 떨어진 곳에 한센병 공동체 마을을 만들어 정기적인 치료를 해 준다. 사람들이 환자들을 꺼리니 도시와도 떨어져 있고, 신부님이 쉽게 접근하기 위하여 그곳을 선택한 섬세함을 보였다.

사랑이란 추상명사를 어찌 다른 언어로 풀어쓰겠는가. 예수님처럼 가엾은 마음이 있어야 모든 이에게 가까이 갈 수 있다고 했다. 환자들에게 인생 최초의 신발을 신기고 싶었다. 발 모양을 본뜨니 발이 문드러져 모양이 제대로 나오지 않았다. 제작은 한센병 환자에게 맡겼다. 자립을 위한 배려였다. 고정 수입이 생겨 생활이 안정된 것이 신부님에게서 받은 사랑이라고 전한다.

신부님에게 어렸을 적 본보기가 되어 준 분이 있다. 가난한 아이들을 돌보아 주었던 알로이시오 신부님과 한센병을 앓는 분과 함께 생활했던 다미안 신부님의 삶을 보면서 사제의 꿈을 가졌다. 어머님 소원을 거절할 수가 없어 의과대학에 갔다가 길을 돌아 사제의 길을 걸었다. 나는 부모로서, 직장인으로서 어떤 삶을 살았는가 돌아보게 했다.

톤즈에서의 삶은 24시간이 모자랐지만, 기쁨이 충만한 삶이었다. 같이 협력하던 의사 동료로부터 한국에서 건강진단을 권고받는다. 대장암 4기 판정을 받고도 희망을 잃지 않았지만, 살레시오 형제님들에게 "everything is good" 인사로 지상에서의 시간을 마무리했다. 50세도 채 되기 전이다. 이미 형 이태영 신부님도 사제의 길을 걷고 있었다. 두 아들을 하느님께 봉헌하게 된 어머니 심정을 어찌 헤아리랴. 무엇이 신부님을 그리로 이끌었을까.

영화는 이태석 신부님의 이전 삶과 이후 삶을 교차해서 조명하고 있었다. 아프리카 남수단 마을에 브라스 밴드가 울려 퍼졌다. 마을 축제가 있나 싶었는데, 신부님 선종 10주기를 맞이한 마을 행사였다.

신부님 선종 이후 만든 〈울지마 톤즈〉 영화를 보면서 손수건이 젖어 물이 나올 정도였다. 《친구가 되어 주실래요》를 후배로

부터 선물 받아 감명 깊게 읽었다. 의사 공부를 하고 사제의 길을 걸으면서 봉사하고 헌신하는 그분의 삶은 나를 온전히 흔들어 놓았다. 신부님에 대한 경외심을 가지며 나는 무슨 재능을 기부할 수 있는지 생각하니, 점점 작아지는 나를 돌아보게 되었다.

상상만으로 끝날 일이었지만, 새로 태어난다면 무슨 일을 하고 싶은지, 자신에게 물은 적이 있다. 의사의 길을 걸으면서 봉사하는 삶을 살고 싶다는 생각을 한 적이 있다. 항간에서는 의대 졸업 후 물질을 쫓아가는 사람들도 간혹 있지만, 길고 어려운 공부를 하여 지역사회를 넘어 인류에 공헌하는 분들을 많이 보았다. 그 거룩하고 신비스러운 길을 걷고 있는 사람들, 부활 후 하느님 오른편에 반드시 앉으리라 믿는다.

신부님 선종 이후 브라스 밴드는 해체되었고, 한센병 마을에 치료도 끊겼다. 브라스 밴드 조직과 학교를 건립한 힘은 실로 어마어마하다. 그곳에 몸담고 있던 아이들과 학생들은 어느새 성년이 되어 각자의 길을 걷고 있다. 남수단 유엔유지군에서 방송기자로, 과학자가 꿈이었던 아순타는 신부님 형의 도움으로 한국에서 공학 석사학위를 받았다. 남수단 주바대학교 의과대학에 진학한 제자가 40~50명이다. 이들이 한센병 마을에서 봉사하는 모습을 비춰 준다. 마을 사람들은 이태석 신부님이 온 것 같다고 좋아했다. 의사가 된 제자는 신부님이 환자를 대하던 방식과 행동을 따라가고 있었다. 부활의 의미가 내게로 걸어 들어왔다.

이들이 한국을 방문한다. 공항에 나온 사람 중 신부님 동생과 누나가 반갑게 포옹한다. 살아 계신 신부님 어머님을 뵙고 카네이션을 달아 주는 장면에서 나는 울음보를 터트렸다. 신부님 선종 이후 아순타를 한국으로 불러 뒷바라지했던 형 이태영 신부도 그사이 선종하셨다. 두 분의 묘를 참배한 아순타는 비통한 마음이다.

이태석 신부님은 담양 가톨릭추모공원에 잠들어 계시다. 성년이 된 제자들과 남수단 교육부장관은 남수단 대통령이 보낸 훈장과 패를 증정한다. 교과서도 헌정한다. 남수단 고등학교 교과서와 중등학교 종교 교과서에 신부님의 삶을 조명한 내용이 실려 있다.

지금 남수단 학생들은 직접 만나지 못한 신부님의 삶을 통해 꿈을 키워 가고 있다. 이런 일들이 또 하나의 부활이 아니겠는가. 교육과 종교 그리고 의학의 힘은 대단했다. 미소하나 우리가 가진 재능을 어떻게 꺼내 쓰느냐의 문제일 것이다. 나는 무엇으로 부활의 삶을 살 것인가. 진정한 부활은 어떤 것인지, 신부님의 삶을 묵상하며 내게로 다가오기를 희망한다.

세례 받기 전 세 개의 신심 단체를 두고 고민하다가 빈첸시오회에 가입하여 활동하고 있다. 가난한 이들을 위한 후원회원들의 정성에 가슴 뭉클할 때가 많다. 작년 교구 빈첸시오회 피정 주제가 '나의 마음 예수님 마음'이었다. 빈첸시안으로 살아가면서 마음을 다하여 하느님을 사랑하고 이웃을 제 몸처럼 사랑하라는 으뜸 계명을 행동으로 옮기기가 쉽지 않았다.

대상자들은 각기 다른 환경에서 힘겹게 살아가고 있는 분들이다. 아리고 애잔한 마음이 가슴을 파고들기도 하나, 활동이 있는 날에는 십자가의 길에서 만난 예수님의 여정을 떠올리며 마음을 잡아매곤 한다.

공교롭게도 기념관을 방문한 11월 16일 주일은 '세계 가난한 이의 날'이었다. 이태석 신부님이 보여 준 섬김과 기쁨, 나눔의 정신이 살아 있는 공간과 마주할 수 있는 축복을 받았다. 때론 등대처럼, 가로등처럼, 태양처럼, 샛별처럼, 촛불처럼 희망을 준 빛으로 살았던 신부님께 기도 손을 모은다. 우리는 어디에서 와서 어디까지 왔으며, 어디로 가고 있는지 다시 한번 묻게 되는 시간이었다.

기념관을 떠나면서 신부님 묘 뒤에 새겨진 성경 구절에 마음이 머무는 날이었다.

"너희가 여기 내 형제 중에 지극히 작은 자 하나에게 한 것이 곧 내게 한 것이니라."(마태복음 25:40) (2025)

종이학 사랑

평화공원이다. 제2차 세계대전 중 1945년 8월 9일 원자폭탄이 떨어진 나가사키 폭심지(폭탄이 터진 곳)에 만든 공원이다. 원폭 자료관과 추도 평화기념관도 이웃하고 있다.

북쪽에 10m 높이 평화상이 있다. 나가사키 출신 조각가 세이보 카타무라 작품이다. 동상 오른손은 핵무기의 위험을, 왼손은 영원한 평화를, 온화한 얼굴은 신의 은총을, 감은 눈은 희생자를 기리는 염원을 상징한다. 접힌 오른쪽 다리와 땅에 디딘 다리는 명상과 구원, 미래를 의미한다. 동상은 전체적으로 서양과 동양 예술, 종교, 이념이 조화롭게 표현되어 있다. 얼굴의 미소는 부처님을, 곱실거리는 머리는 예수님 모습과 비슷했다.

동상 앞에 설치된 검은색 대리석에는 희생자들의 이름이 새겨져 있다. 공원 안내판에는 "1945년 8월 9일 오전 11시 2분, 이곳으로부터 500m 상공에서 원자폭탄이 폭발했다"는 문장으로 시작하는 공습 당시 상황이 적혀 있다. 피해 규모 15만 명에 이르는 사망자와 부상자 수도 기록되어 있다. 일본에서는 이야기하고 있지 않지만, 이 중 2만 명은 일본으로 끌려와 강제 노동을 했던 한국인들이었다.

원폭 피해를 입은 사다코라는 10대 소녀가 있었다. 후유증으로 입원하여 병상에서 종이학 천 개를 접으면서 힘든 시간을 버티다가 숨을 거두었다. 문병 온 학생들도, 병동에 있는 사람들도 종이학을 접어 천 마리를 넘겼다. 사다코 요절 이후 이 일화가 널리 알려지면서 평화의 상징으로 자리 잡았다. 일본에서는 이때부터 힘든 상황에 있는 사람들에게 종이학을 접어 보내며 힘을 보탰다고 한다. 천 개의 깃털을 가진 학, 학은 장수와 길조의 의미이며 행운을 주는 새로 알려져 있다.

종이학은 일본 문화에 깊이 뿌리 박혀 있다. 유치원과 초등학교에서 종이학 접기 체험 활동을 하고, 평화공원에서는 종이학 관련 축제도 열리고 있다. 국제 시합에 나간 운동선수들은 자신이 머물렀던 숙소에 접은 종이학을 두고 오기도 한다.

우크라이나 전쟁이 났다. 대사관에 일본인들이 보낸 종이학은 어마어마했다. 그만 보내라고, 받지 않겠다고 전달했다. 투르키예와 시리아 강진으로 사망자가 4만 명에 육박했다. 전 세계에서 이를 돕기 위한 행렬이 이어지고 있었다. 대사관들은 “일본의 지원에 감사하지만, 종이학을 보내는 것은 곤란하다”는 입장이다. “지금 우리에게 필요한 것은 물과 빵이다. 종이학은 쓰레기에 불과하다”면서 아쉬움을 드러내기도 했다. 나가사키 성지 순례 때 평화공원에 학생들이 가져다 놓은 종이학의 의미를 조금 알 것 같았다.

우리나라에도 종이학을 접어 유리병에 넣으면 소원이 이루어진다는 속설이 있었다. 유리병이나 상자에 종이학을 넣어 주거나 연인끼리 선물을 주고받기도 했다. 일본 문화에서 들어온 것이라는 짐작이 된다. 〈종이학〉, 〈천년학〉 대중가요가 한동안 유행하기도 했다.

일본에서는 종이학을 천 마리 접어 실로 연결한 것을 ‘센바즈르’라 한다. 여전히 문병 갈 때 선물로 ‘센바즈르’를 가져간다고 한다. 일본인들의 종이학 사랑은 쉽게 없어지지 않을 듯싶다. 지금은 반전과 반핵 그리고 평화를 상징하는 것으로 보는 견해가 보편화된 것 같다.

히로시마와 나가사키 그리고 오키나와 평화공원에서는 매년 평화 기념식을 한다. 〈천 마리 학〉, 〈종이학〉 추모곡이 울려 퍼지고 있다. 청소년들로 이루어진 합창이다.

평화를 새로이 다짐하며 주홍빛 학을 접어요.
깨끗한 마음 그대로 하얀 학을 접어요.
끓어오르는 열정의 생각을 붉은 학으로 접어요.
평화는 깊게 자주색 학을 접어요.
들판 끝에 묻힌 사람에게 노란색 학을 접어요.
물 밑에 가라앉은 사람에게 푸른색 학을 접어요.
평화의 바람을 넣어서 초록빛 학을 접어요.
지구보다 중요한 생명이여, 쪽빛 학을 접어요.
미래에의 희망과 꿈을 분홍빛으로 접어요.
미래에의 희망과 꿈을 무지갯빛 학으로 접어요.

한국인 희생자 추모비는 민단과 조총련이 각각 다른 곳에 설치했다. 평화공원 한쪽에 수학여행을 다녀간 학생들이 매달아 놓은 색깔 다른 종이학이 잠든 영혼을 달래고 있었다. (2023)

채움과 비움

아는 만큼 보인다고 했던가. 도무지 알 수가 없다. 8행의 한문과 두 선사가 있는 수묵화다. 두 사람은 풍채가 좋다. 왼쪽 선사는 윗도리를 반쯤 내려 통통한 어깨와 젖가슴을 내보였다. 약간 나온 배, 손은 아래로 뻗어 옷에 가려져 있다. 머리는 가운데를 가르고 숱은 부풀려 목까지 내려왔다. 눈과 입에는 행복한 미소가 번지고 턱은 살점이 내려앉았다. 눈썹은 아래로 처져 있다.

오른쪽 선사는 왼쪽 선사와 표정은 비슷하나 앞머리는 내리고 머리카락은 어깨까지 덮여 있다. 왼손은 뒷짐을 지고 오른손은 가슴께까지 올리고 집게손가락은 아래를 가리키고 있다. 손은 그림의 중심에 있고, 과장되게 크게 그려져 있다.

클린 하우스에 그림 몇 점이 있다는 연락을 받았다. 어스름녘에 동네 걷기를 하던 교우가 발견했다. 그림 감상을 좋아하는 내가 떠올랐다고 한다. 다음날 주일 미사 갔다가 함께 가 보기로 했다. 미사 전에 다시 그곳에 가서 사진을 찍어 보내 주는 성의까지 보여 주었다.

클린 하우스에는 동양화와 서양화, 병풍까지 있었다. 찍어 보낸 그림 중에 작은 것은, 이미 먼저 본 사람이 가지고 간 모양이다. 액자가 크고 표구 상태가 좋지 않은 것은 마음에서 이미 멀어졌다. 그냥 돌아오려다가 연락해 주고 함께 가 준 교우의 성의를 생각해 한 점을 차에 실었다. 교우 눈에서 여러 점을 가져갔으면 하는 아쉬움을 읽을 수 있었다.

집 안에 두고 감상했을 미지의 분을 떠올려 보았다. 직접 구매를 했든, 그렸든, 선물을 받았든, 오랜 시간 친구처럼 애인처럼 함께했을 것이다. 나이가 들어 거처를 옮기게 되었는지, 갑작스러운 죽음으로 가족이 정리하게 되었는지, 클린 하우스에 오기까지의 삶을 상상해 보았다. 지상에서의 짧은 삶이었든, 긴 삶이었든, 아니, 아직도 이어가야 하는 삶에 대한 아쉬움이든 간에…. 요즘 들어 나에게도 이런 시간이 다가오고 있음을 자주 느끼게 된다.

海東 沙門 元曉述 金道悟 書

이 글로 보아 원효 스님 이야기 일부를 그림으로 그린 것으로 짐작이 갔다. 8행의 한문이 궁금하여 인터넷으로 검색해 보았다. 액자에 적힌 내용은 원효대사의 〈발심수행장(發心修行章)〉 일부임을 알아냈다.

자신의 즐거움을 버리면
믿고 공경하기를 성인과 같이하고
하기 어려운 일 능히 하면
존경하기를 부처님같이 하리라
재물을 아끼고 탐하는 이는
마귀의 권속과 다름이 없고
자비로써 보시하는 이는
법왕의 아들이로다.

두 사람은 누구일까. 한 분이 원효대사라면 다른 한 분은 누구인지, 영정으로 보아 온 원효대사와는 연결이 되지 않았다. 당나라에 함께 갔던 의상대사인지, 전설에 남은 혜공선사인지 알 길이 없다. 그림을 그렸거나 글을 쓴 사람 이름은 적혀 있지만, 그 이상은 찾을 수가 없었다. 다만 글의 출처를 알아내었으니 다행이다.

한글로 인쇄하여 액자에 붙여 놓았다. 발심수행장 문구를 곱씹어 본다. 하느님 가르침이나 부처님 가르침이나 모두 같다는 생각이 들었다. 불심 깊은 누군가에게 선물하면 좋겠다 싶었다. 부처님 가르침을 따르는 지인 얼굴을 하나둘 떠올려 본다.

가지고 있는 물건들이 시간이 흐르면 어찌 될 것인지, 난감하다. 한 벌 옷만 입고 가는 추세다. 매장하지 않는 장례 문화가 번지고 있어, 한 평 땅도 필요 없게 되었다. 예금이자가 내려 고민이라지만, 얼마를 더 불려 얼마나 더 많이 가져갈 것인가.

소유와 비움을 생각하게 하는 겨울이 다가오고 있다. 자선 주일에 봉헌하는 손의 떨림은 어떤 의미인지, 내게 묻고 있다.

(2021)

시 수필

한자 수업

우리 집은 중앙일보(中央日報)를 받고 있었다.

동네 건널목 은행 간판을 보고
"엄마, 저 한자 읽을 수 있어."
"뭔데?"
"중앙일보지."
"제주은행(濟州銀行)인데~"

아이 고모 집 가는 길에 한라일보(漢羅日報) 신문사가 있었다.
"엄마, 저 한자 읽을 수 있어."
"뭔데?"
"제주은행이지."
"한라일보(漢羅日報)인데~"
학교 가기 전 한자를 읽을 수 있다며 나를 놀라게 한 딸.
은혜(恩惠)롭고 지혜(智慧)롭게 지내고 있는 거지? (2020)

등물

'길 위의 의사'는 의료 봉사하며 사는 의사에게 붙여진 이름이다. 모 방송국에서 방영되는 프로그램이 아침마다 마음을 붙들어 매고 있다. 아침 식사와 집안 정리를 마치고 차 한잔 준비하여 TV 앞에 앉았다.

아프리카 오지에서 15년간 의료봉사가 이어지고 있다. 신과의 약속을 지키기 위해 그런 삶을 선택했다는 말에 마음이 뭉클해진다. 신과의 약속을 지키는 것도 그러하거니와, 신과 약속을 함부로 해도 안 되겠다는 생각도 들었다.

대학 때 만난 아내는 의과 대학을 나왔지만 남편 하는 일에 봉사자로 지내고 있다. 미국에서 공부하는 아들이 방학을 맞아 의료 봉사에 합류했다. 찜통더위에도 샤워를 할 상황이 아니었다. 아들이 아버지 등에 물을 두 바가지 붓고, 아버지가 아들 등에 물을 붓는 장면에 나의 눈이 멈췄다.

평상에 누웠다. 우리 집과 옆집 사이 골목은 아주 좁았다. 볕이 들 공간이 없어 더위를 피할 수 있는 쉼터다. 한 사람 정도 겨우 지나갈 만큼만 비워 두고 평상이 길게 자리 잡았다. 한여름 정적을 깨는 것은 매미 소리와 엿장수 가위질 소리, 아이스크림 통을 맨 소년의 구슬픈 소리였다.

엿과 바꿀 쇠붙이도, 아이스크림을 살 동전도 없었다. 평상에서 남동생과 공기놀이와 오목으로, 보리 바둑이나 보리 장기를 두면서 시간을 보냈다. 점심은 미숫가루로 때우곤 하였다.

읍내로 이사 온 후 어머니는 외할머니 밭에 자주 갔다. 4·3으로 홀로 되신 할머니와 벗하기 위해 밭에 간다고 했다. 큰딸 역할이 그런 것이었다고 이해하기까지는 아주 많은 시간이 흘렀을 때였다. 늦게 집에 달려온 어머니는 저녁밥을 기다리는 아이들을 보고 목욕할 여유가 없었다. 나를 조용히 불렀다. 여름날 긴 시간 외출하고 온 날에도 그랬다.

공동 수도를 이용하다가, 집 안에 개인 수도가 생겨 조금 편리해진 것은 60년대 후반이다. 수도가 집 안에 들어온 것은 큰 사건이었다. 슬레이트 지붕이 얹어지면서 빨래와 목욕도 할 수 있고 여닫이문도 달았으니 외부와도 차단되어 그럴싸한 공간이 생겼다.

어머니는 윗도리를 벗으면서 등에 물을 부으라고 했다. 시원하다는 말을 연거푸 하시며, 하루의 피로를 씻어 내는 것 같았다. 나에게도 빨리 엎드리라고 채근하면서 등에 서너 바가지 부어 주셨다. 고개를 들지 않으면 입으로 물이 들어가고, 엉덩이를 일정한 각도까지 올리지 않으면 아래옷까지 젖었다.

등은 물을 부은 사람이 닦아 주고, 수건을 건네면 재빨리 가슴과 배 부분을 닦아야 한다. 어머니와 나와의 교감 시간이었다. 위로 오빠와 아래로 남동생 둘이 있었으니, 여자들끼리 나눌 수 있는 유일한 의식이었다. 요즘의 샤워나 목욕과는 뭔가 다른 특별함이 있었다.

어머니는 나이가 들면서 여러 가지 병으로 움직임이 자유롭지 못했다. 일상생활에서도 손잡이나 가족의 도움이 있어야 걸을 수 있었다. 부축하여 화장실에 다녀오거나 욕조를 넘어서 목욕 의자에 앉을 수 있는 힘은 조금 남아 있었다.

비누 수건으로 등을 문지르고 조심스럽게 욕조에서 일어나 한 손으로는 손잡이를, 한 손은 나의 손에 의지하여 몸을 움직였다. 목욕 후 시원하다, 살 것 같다는 말을 연발하시던 때가 엊그제 같다.

기억할 수 없는 어린 시절을 상상해 본다. 어머님은 나를 수시로 씻고 닦아 주며 "너는 나에게 소중한 존재야" 하며 눈을 맞추지 않았을까 싶다. 내가 어른이 되어 힘들고 어려운 순간에도 거대한 존재감으로 가없는 사랑을 보여 주셨다. 이제는 이승을 떠나 전농로 꽃그늘 아래 사진 속에서 만나고 있다.

등물 풍경은 거의 사라지고 있으나, 의사 부자를 보면서 우리 모녀의 시간이 겹쳐진다. 부모와 자식은 어디에서 시작하여 어디까지 이어지며 어디가 끝일까.

사춘기 소녀와 젊은 엄마의 초상을 다시 그려 본다. (2025)

터

주거학 강의가 끝날 무렵 과제 하나가 주어졌다. 트레싱 페이퍼에 원하는 집 주택 평면도 그리기다. 머릿속에서는 한옥이 아닌 서양식 주택만 맴돌았다. 서양식 문화가 좋다는 사회현상이 퍼지고 있을 때여서 그랬을 것이다.

필로티형 주택을 밑그림으로 그렸다. 외출했던 자동차가 집으로 들어와 편리하게 주차할 수 있는 차고를 생각했다. 1층에는 넓은 거실과 아이들이 노는 것을 볼 수 있는 창 넓은 부엌과 화장실 1개, 2층에는 침실 3개를 배치했다. 대지가 150평에 건면적은 50평인 집을 설계했다.

신혼살림을 차린 집은 방 두 칸에 부엌이 딸린, 지은 지 일 년 된 새집이었다. 넓은 마당에는 주인과 같이 사용하는 화장실이 있고, 방 하나는 주인집 마루를 통해서 가야만 했다. 나의 의견이

전혀 반영되지 않은 채 빌린 집이다.

겨우 일 년을 살고 주인집 사정으로 비워 달라고 하여 전보다 넓은 집을 얻어 달라고 동네 사정을 잘 아는 남편 동료에게 부탁해 두었다. 운동장만큼 넓은 안방이 있는 2층에서 편하게 지내는가 싶었는데, 다시 집주인 사정으로 이사해야만 했다.

이번에 얻은 집은 단독 주택이다. 지어 놓고 주인이 한 번도 살지 않은 집이다. 방 하나만 주인집 미혼 아들에게 내주고 전체를 쓸 수 있었다. 일주일에 한 번 오는 아이 놀이방도, 손님을 맞이할 수 있는 너른 거실도 만족스러웠다. 동네 사람들도 어질고 정이 많은 분이어서 내 집처럼 편하게 지냈다. 2년 살았다. 읍에서 4년 동안 세 번을 옮긴 셈이다.

시로 발령이 났다. 아이를 돌볼 수 있는 손이 필요하여 친정집에서 가까운 곳을 빌려야 했다. 친정집 동네는 새로 생긴 동네라서 집들이 깨끗하고 넓었으나 쉽게 얻을 수 없었다. 집주인들은 여성이 일을 나가면 집 관리가 소홀하다고 빌려 주기를 꺼렸다. 수소문하여 다니던 중에, 친정어머니와 같은 고향 사람이 흔쾌히 빌려 준다고 하니 얼마나 다행스럽던지…. 다른 사람들에게는 너무 커서 집세도 만만치 않아 빌리지 못했던 터에 우리에게는 운이 따른 것이다.

한국 사람들은 자기 집을 가지는 것이 첫째 소원이다. 이제 터를 잡을 시에 집을 마련해야겠다는 마음을 먹었다. 제주에도 아파트 붐이 일기 시작했다. 내가 꿈꾸던 집은 아니었지만 일하는 나에게는 그보다 편리한 집이 어디 있겠는가 싶어 새로 짓는 아파트를 신청해 두었다. 20년 넘게 편하게 살았다.

실은 아파트에 살면서 내가 숙제로 설계한 꿈의 집을 지을 희망은 늘 품고 있었다. 남편과 의논했더니 매번 반대에 부딪혔다. 나의 의견만을 고집할 수 없으니 한발 물러나 지내고 있던 터에, 지금 사는 집으로 옮기는 일이 생긴 것이다.

이미 지어진 집을 보니 썩 마음에 들지 않았다. 이번에는 남편의 의견에 힘을 실어 주기로 했다. 살다 보니 공교롭게도 내가 꿈꾸던 집과 거의 비슷한 것이 아닌가.

대문 옆에 주차장이 있고, 대지와 건평도 내가 원하던 크기와 비슷했다. 꿈꾸던 집과 지금 사는 집은 1층과 2층 구조가 바뀌었을 뿐이다. '모든 일에 꿈과 희망이 있으면 언젠가 이루어진다'는 확신이 생기는 것이다. '언젠가' 단어 속에는 설렘과 무지개 같은 꿈이 있다.

조촐한 가족이 지내기는 너무 크다고, 청소하는 것이 힘들지 않느냐고, 병원 가까이 시내로 옮기라는 등의 우려는 귀에 들어오지 않는다. 종종 하얀 거짓말 같은 대답을 하곤 한다. 여럿이 함께 살고 있다고, 혼자이지 않다고. 그분과 함께 있다는 은유적인 표현을 듣고는 멋쩍은 듯 물러선다.

나는 여섯 번째 터에서 못다 한 꿈을 키우고 있다. 글을 다듬고 취미 생활도 여유 있게 할 수 있는 곳, 뜨고 내리는 비행기 풍경과 멀리 보이는 잔잔한 바다도 품고 산다.

대문 입구에 세운 수문장 돌하르방이 나를 지켜 주고 있다.

(2025)

달리기에 대한 변명

반닫이를 연다. 결혼할 즈음에 친정어머니가 주신 물건들이 마트료시카 인형처럼 나온다. 통지표와 여학교 때 만든 소품까지 들어 있다. 앨범 속에 끼워 놓은 빛바랜 상장에 눈이 멈춘다.

우리 집 마루 벽은 상장으로 도배되었다. 어머니는 자식들이 타 온 상장이 자랑스러웠던 것인지, 은근히 경쟁을 시키려고 했던 것인지…. 해마다 2월 말이 되면 새로운 상징으로 바뀌었다. 형제들은 상장 개수와 통지표에 적혀 있는 내용을 말하며 우쭐거렸다.

나는 남동생보다 늘 상장이 하나 적었다. 숙제는 체육 평가란에 찍힌 '미'를 벗어나는 것. 동생은 단거리 달리기 군 신기록이 있었다. 운동회 때는 릴레이 최종 주자로 뽑혔으며, 축구부 주장을 맡아 한몫하였다. 학년말에는 내가 누릴 수 없는 '체육

특기상'을 꼭 타 왔다. 언제 저 높은 벽을 올라보나. 학년말이 되면 주눅이 들곤 했다.

전학 와서 맞은 가을 운동회였다. 총각인 막내 외삼촌이 달리기 응원을 하러 한걸음에 오셨다. 두 번째 줄에서 달릴 채비를 하고 있었다. 내 앞줄 친구들이 출발을 알리는 신호를 기다리며 눈과 귀를 모았다. "탕~" 출발을 알리는 총소리와 화약 냄새가 무섬증을 돋워 가슴이 쿵쾅거렸다. 전쟁이 일어난, 정글에서 사자를 만나 먹이가 될 분위기였다. 대열에서 슬며시 물러섰다. 외삼촌이 달리지 않을 거냐고 물었다. 삼촌은 감독 선생님에게 호루라기로 신호를 보내면 안 되겠느냐고 애절한 심정으로 부탁했다.

몸집이 크고 피부가 까무잡잡한 야구부 감독 선생님의 답은 단호했다. "안 됩니다." 삼촌은 그냥 달려 보라고 격려했지만 포기하였다. 아쉬움 가득하던 삼촌의 큰 눈을 잊을 수가 없다.

나에게 공책 한 권은 사치였다. 부모님은 몸이 허약한 나에게 바깥 활동에 제약이 심했다. 바다가 지척에 있어도 혼자 물가에 보내지 않았다. 겁이 많은 아이로 자랐다.

초등학교 마지막 가을 운동회였다. 운동화 대신 어머니가 만들어 주신 광목 커버를 신었다. 발바닥이 땅에 닿은 감촉은 야릇했으나 몸은 한층 가벼웠다. 블루머를 입고 청군 머리띠까지 단장

하니 날아갈 듯했다. 학교에 들어서는 길에는 만국기가 하늘을 수놓고 있었고, 뺨에 닿는 상쾌한 공기가 좋은 조짐이 있을 것만 같았다. 우리 학년 달리기는 물건 찾기였다. 몇 미터쯤 달리다가 종이를 집어 찾는 물건 이름을 외치면, 관중석에 있던 사람들이 물건을 건네 주어 결승선까지 달리는 것이다.

기회가 오겠지 싶었다. 어머니는 물건 찾기에 잘 나오는 것들을 바리바리 싸가지고 달리기 시간에 맞춰 오셨다. 운동회날 공책 한 권을 타 보지 못한 딸에 대한 연민 때문이었을까. 당신이 가져온 물건만 나와 보라는 흥분감으로 내가 찾는 물건에 귀를 기울였다.

어머니와 눈이 마주쳤다. 집은 종이에는 '여자 샌들'이라고 적혀 있었다. 종이를 흔들면서 목청을 높여도 흘러가는 구름만이 애처롭게 내려다보았다. 여름이 다 가고 가을 중반인데 여름 신발이 어디에 있겠는가. 어머니가 보따리에 싸가지고 온 양산과 다른 물건들은 주인을 잃어버렸다. 어머니의 안타까운 심정도 오죽했으랴. 자존감이 바닥을 쳤다. 하여 어떤 일이든 용기를 내기가 쉽지 않고 소심한 성격이 되었지 싶다.

딸의 초등학교 운동회날 달리기는 특이했다. 아이들이 얼마만큼 달려오면 기다리던 학부모가 아이를 업고 달린다. 딸을 업었는데 걷는 것인지, 달리는 것인지 좀처럼 나아갈 수 없었다. 딸은

또래보다 키가 커서 나의 의지만으로는 역부족이었다. 강산이 두 번 이상 바뀌었으나, 초등학교 운동회 때와 상품 크기는 같았다. 등외로 결승선을 겨우 통과했다. 일등은 아빠가 업고 달린 아이에게 돌아갔다. 괜히 달리기 시간에 맞추어 오지 않은 남편이 원망스럽기까지 했다.

반닫이 속에 들어 있는 지나간 삶의 필름을 돌려본다. 인생의 반환점은 이미 지났다. 누군가와 경쟁하며 숨 가쁘게 달려온 지난날, 나는 무엇을 목표로 달려왔을까. 이제는 달리기할 일도 경쟁할 일도 없는 느린 삶을 살고 있다. 다른 사람을 이기는 것이 아닌, 나를 이기는 달리기를 했던가. 나는 지금 무엇을 향해 가고 있나. (2024)

섬에서 섬을 보다

미세 먼지가 걷힌 맑은 오후다. 먼바다로 눈을 돌린다. 아스라이 펼쳐진 바다 멀리 우뚝 선 섬은 관탈섬, 멀리 보이는 것은 추자도다. 제주섬에서 섬을 바라다보는 것은 만날 수 없는 그리움을 불러낸다.

평화방송에서 묵주기도를 올리고 있다. 오늘은 주일이라 '영광의 신비'다. 배경 사진은 대부분 성시다. 우연히 보게 된 오늘은 제주 봄 풍경이었다. 입구에는 아기 예수를 안고 있는 한복 입은 성모상이 비쳤다. 제주 돌담으로 둘러싸인 성 안으로 들어가니 금방 바람에 날아갈 것만 같은 민들레씨가 흔들린다. 아치형 문을 들어서면 십자가의 길이 나오고, 정난주 마리아 묘가 나왔다.

정난주 마리아, 어찌하여 이곳에 묻혔을까. 정난주는 정약용의 조카딸이다. 1801년 신유박해로 남편 황사영은 백서(帛書)

사건으로 참수되고 가정은 몰수되어 시어머니는 거제도로 유배를 간다. 정난주 마리아는 두 살배기 아들 경한을 데리고 제주 유배길에 오른다.

유배 오던 중 추자도에 이르렀다. 아들을 추자도에 내려 달라고 요청한다. 뱃사공에게는 꾀를 내어 아들이 수장되었다고 보고하게 만든다. 이름과 생일을 적어 저고리에 싼 뒤 황새바위 위에 두고 떠난다. 아들이 역적으로 자라길 원치 않았던 어미 마음이었다. 바윗돌에서 울고 있는 경한을 발견한 오씨 뱃사공 부부의 아들로 자라게 된다. 부부에게는 아이가 없었다. 그런 연유에서인지 추자도에서는 황씨와 오씨는 결혼하지 않는다는 이야기가 있다고 한다.

마리아는 대정현에서 관비 생활을 하며 한양 할머니로 칭송을 받으며 지낸다. 마을에 김씨 형제를 양자 삼아 기르게 되고, 마리아가 죽자 장례를 치르고 묘 관리도 하고 제사도 지냈다.

정난주는 험난한 고초를 겪으면서도 신앙을 전했다. 피의 순교를 하지 않았음에도 신앙의 불모지인 유배지에서 순교자적 삶을 살았기에 백색 순교자로 공경받고 있다. 후에 정난주 무덤을 발견하여 순교자 묘역으로 옮겼다가 1994년 제주 신자들의 염원을 담아 대정성지를 단장하기에 이른다.

경한 알렉시오는 양부모 밑에서 자라면서 친어머니가 제주에서 생활하고 있다는 것을 알았다고 한다. 아들은 자신의 내력을 알고 난 후 어머니를 그리워하며 제주에서 고깃배가 들어오면 안부를 물었다. 유배 온 입장이라 만날 수 없었던 상황이 아니던가. 모자는 결국 만나지 못하고 하느님 나라로 갔다.

정난주 마리아 묘는 제주 올레 11코스의 한 구간 모슬봉 기슭에 있다. 가톨릭 신자가 아니더라도 올레꾼들은 이곳을 지나게 된다. 몇 년 전 함께 걸었던 선배 언니, 이젠 이 세상에 계시지 않기에 그리움이 밀려왔다.

이 섬에서 저 섬으로, 저 섬에서 이 섬으로 그리움을 삭히며 지낸 모자의 시간. 어미의 애끊는 마음은 오죽했으랴. 제주 관비로 사는 어머니를 그리며 만날 날만 그리던 아들 황경한. 추자도에는 하늘이 감복하여 내리는 눈물바위가 있다. 아무리 가물어도 마르지 않는다고 한다. 추자 올레 코스 한 지점이 되었다. 다시 추사도를 가게 되면 제주섬을 보며 어머니를 그리던 아들 마음에 들어가고 싶다.

추자도와 제주 사이 바다는 물결이 거칠다고 알려져 있다. 우리 집은 조금 높은 곳이라 북쪽 바다를 보면 날씨를 가늠하게 된다. 맑은 날은 추자도까지, 안개 낀 날은 희미한 섬 잔상으로, 파도가 센 날은 몇 개의 배 불빛만 보인다.커튼을 젖힌다. 마리아 축일에 섬에서 섬을 바라보고 있다. (2023)

넷째 마당

더불어 사는 生

시간이 지날수록 마음을 열게 하는 갈색은 어떤 분위기에서도 튀지 않고 화합한다. 거부하지도 누추하지도 않은 나뭇결에 질박한 아름다움이 있고, 편안하고 소박한 자연색이니 서로 연결되어 위로하며 조화를 이룬다.

– 〈오래된 미래〉 중에서

오래된 미래

팬톤(panton)이 선정한 올해 색은 모카 무스(Mocha Mousse)다. 달콤한 카페모카가 연상된다. 음악 방송에서도 선정된 사람들에게 초콜릿 차가 배달된다니 많은 사람이 참여하고 있다. 초콜릿 브라운 특유의 따뜻함이 오래된 가구들을 불러들인다.

이층장과 문갑이 머리맡에 놓여 있다. 아침에 눈을 뜰 때도, 잠을 청할 때도 함께한 세월이 길다. 십장생과 사군자는 나의 일상에 푹 들어와 있다. 이층장과 문갑에 놓인 물건들이 예전 집 풍경과 다를 뿐이다.

내 집 마련은 아파트로 시작되었다. 분양을 받고 이사 갈 날을 세고 있었다. 안방 가구를 어떻게 할까 고민하던 중, 우연히 들른 고가구점에서 이거다 싶어 몇 분 만에 계약하여 이사 갈 날에 배달해 달라고 값도 모두 치렀다.

아파트 실내 분위기는 밝고 집의 중심인 거실장도 흰색 붙박이장이었다. 혼수로 마련한 이불장과 옷장, 화장대와 이층장, 문갑까지 짙은 갈색이다. 안방은 옛날풍을, 거실은 현대 감각으로 엇박자를 이루었다. 안방은 유행에 뒤떨어진 옷을 입은 것처럼 갈색조로 오랫동안 이어졌다.

집을 옮기게 되었다. 실내 바닥과 벽은 연한 갈색으로 오래된 가구들을 집 안 곳곳에 들여도 절로 녹아들었다. 복도에 있는 반닫이 두 쌍은 여학교 때 담임 선생님 사모님에게 선물 받은 것이다. 굴묵이나무(참나무) 결이 아직도 살아 있다. 열쇠에 달린 짙푸른 매듭 장식으로 고유의 멋을 살렸다. 단출한 삶을 사시려고 짐을 정리하면서 주신 귀한 물건이다. 긴 시간 동안 사모님이 갈고 닦았던 정성이 전해 온다. 자상했던 선생님 목소리가 들리는 것 같다.

2층 방에 있는 궤는 시계를 80여 년 전으로 돌려놓는다. 시어머님 혼수품이다. 시댁에서 가져올 때는 색도 많이 바래고 장석도 파손되었다. 손질하여 앨범 보관 창고로 변신했다. 어머님도 저세상으로 가셨다. 궤 속에 빛바랜 사진들만이 시댁과 친정, 우리 집 역사를 말하고 있을 뿐이다.

작은 거실에 있는 반닫이와 서안(書案)도 시댁에서 물려받은 고가구다. 옛집을 헐면서 나온 참나무를 자식들에게 주며 원하는 가구를 만들라고 했다. 시간이 지날수록 마음을 열게 하는

갈색은 어떤 분위기에서도 튀지 않고 화합한다. 거부하지도 누추하지도 않은 나뭇결에 질박한 아름다움이 있고, 편안하고 소박한 자연색이니 서로 연결되어 위로하며 조화를 이룬다.

오렌지 향이 나는 광택제로 가구를 닦고 있다. 학, 사슴, 바위, 불로초, 소나무가 여전히 살아 숨을 쉬고 있고, 해, 산, 물, 달, 구름이 나들이 가서 풍류를 즐기는 느낌으로 다가온다. 가족이 함께 건강하게 오래 살려던 바람은 옛일이 된 지 오래다.

매, 난, 국, 죽 두 그루씩 짝을 지어 나를 빼꼼히 올려다보고 있다. 겨울을 이겨 낸 매화 향이 풍겨 온다. 은은한 향기를 내는 난초, 고결함을 어루만져 본다. 무서리를 견디며 정원에서 가장 늦게까지 꽃피우는 청초한 국화에 말을 건넨다. 때론 높은 품격과 강인한 기상을 가진 대나무가 나를 일으켜 세우기도 했다.

카페모카를 앞에 두고 오래된 것들에 마음이 머무는 날이다.

(2025)

동백동산

주일 미사 후에 만나기로 했다. 연락이 오면 듣지 못할까 봐 손전화의 무음을 얼른 해제하였다. 얼마만의 만남인가. 문자로 나의 위치를 전달했으나 확인하지 않았다. 약속이 어긋났나, 전화도 받지 않았다. 근처 수목원을 걷고 점심을 먹자고 한 약속이 3주 전이었는데…. 3분 후면 성당 앞에 도착할 거라는 연락이 왔다.

'수목원 말고 곶자왈로 가 볼까요?'

만남 후에 결혼 피로연에 갈 옷차림이어서 편한 운동화가 필요했다. 가끔 성당에 왔다가 수목원 산책할 때 신는 운동화가 차 트렁크에 있었다. 오늘 나의 옷차림과는 전혀 어울리지 않았지만, 그것이 무슨 대수랴 싶었다.

"○○이 어머니 아니세요?"

작은아이를 가르쳤던 그녀의 첫인사였다. 학부형으로 나를 기억하고 있던 것이 고마웠다. 동료로 만난 곳은 한바탕 소용돌이가 몰고 간 후 안정을 찾고 있었던 즈음이었다. 논리적이고 실험적인 과목을 가르치면서도 감성과 이성이 조화된, 그러면서도 수업에 열정을 둔 그녀 매력에 푹 빠져들었다. 가까워지는 것은 그리 긴 시간이 필요하지 않았다. 근무하는 방도 가까이 있었다. 학교 일과 동아리 활동에도 서로 협력하고, 각자 업무까지 연계시켜 가니 동료를 넘어 자매처럼 지냈다.

그녀가 나에게 제안하는 일이 많았다. 가르치는 과목과 관련된 활동이 있으면 나를 일원으로 초대해 주었다. 휴일이나 방학 중에는 제주의 식생과 지질을 주제로 공부하는 기회도 열어주었다. 언젠가 그녀는 말하였다. 자연과 같은 삶을 살고 싶다고…. 때론 동료로, 친구로, 연구자로 행복한 시간이 지층처럼 쌓여 갔다.

집안의 경조사에도 기쁨과 슬픔을 같이 나누었다. 서울에서 있었던 작은아이 결혼식에도 와 주었으니 큰 빚을 지게 된 셈이다. 나는 일을 정리하였고 그녀는 일하고 있으니, 가끔 어찌 지내나 궁금하여도 연락을 삼갔다. 입동이 지나고 달력이 한 장 남아 해를 넘기기 전에 만나고 싶어 내가 먼저 몸짓을 보냈다.

새로 만든 길을 달리고 있다. 제주시 서쪽에서 동쪽으로 가는 시간이 빨라졌다.

동백동산은 1980년 제주도 기념물 10호로 지정된 상록활엽수 천연림이다. 20여 년생 동백나무 10여 만 그루가 숲을 이루고 있어 동백동산이라는 이름이 붙었다. 선흘 곶자왈에 속하여 지하수 함양률이 높고 생물 다양성이 뛰어나 2011년 람사르 습지로 등록되었다.

수필 교실 봄소풍 때 잠시 들렀던 곳이다. 그녀 덕에 오늘 다시 올 수 있어서 감사하다. 다른 곶자왈보다 길도 넓고 걷기에 무리 없게 잘 정리되어 있었다. 쉼터에서 음료를 마시면서 하늘을 보니 저절로 탄성이 나왔다. 울창한 숲 사이로 빼꼼히 내민 하늘은 아름다운 자태로 두 팔 벌려 우리를 받아 주었다. 천연림 사이로 겨울 햇빛이 우리를 기다리고 있었다. 낙엽수들이 떨어진 겨울 숲은 스산한 생각이 드는데, 사위를 둘러싼 상록수림으로 푸근하게 느껴졌다.

"참, 좋다. 고마워요."

겨울답지 않은 포근한 날씨에 바람도 없었다. 낙엽활엽수가 많은 곳과는 달리 사방이 온통 초록 바다다. 지쳐 있던 마음과 몸을 맡겨 본다. 동백동산에 동백이 보이지 않았다. 아니, 내 눈에 보이지 않는 것이었다. 꽃도 피지 않고 가늘고 길게 올라간 동백나무를 내가 어찌 알겠는가. 다른 나무들이 높게 자라 햇빛을 받지 못하여 이제는 크지도 않고 꽃도 피우지 못하고 있다는 설명을 듣고 이해가 되었다. 초록색 잎만으로 "나, 동백, 여기 있소"라고 말하고 있었다.

걸음을 멈추었다. 이곳에서 자라는 귀한 식물, 제주고사리삼이다. 세계적으로 1속 1종인 희귀식물로 멸종 위기의 야생식물이라고 한다. 제주에서 자라는 다른 고사리와는 다른 형태였다. 숲 해설사처럼 조곤조곤 들려주는 이야기에 소풍 나온 아이 마음이 이럴까.

자연과 같은 삶을 살고 싶다는 그녀에게 몇 년 전 병마가 찾아왔다. 어떤 상황에서도 처지거나 흥분하지 않는 그녀의 성정으로 병도 달아났나 싶다. 얼마 남지 않은 교직 생활이기에, 좋은 수업을 위해 준비하고 있다고 조심스럽게 말한다. 동백동산의 상록활엽수처럼 늘 푸른 시간이 그녀에게 펼쳐지기를 기도한다.

자연을 닮은 그녀와 함께했던 동백동산, 12월 어느 날 오후 햇살이 우리 등 뒤에 따스하게 내려앉았다. (2020)

제 십자가를 지고

예식 마지막 순간, 선교자들이 제단 앞에 나왔다. 모든 사람이 고개를 숙여 존경을 표한 후 무릎을 꿇고 그들 발에 입을 맞추고 있다. 사랑하는 친구를 위해 포옹하고 손을 잡아 주고, 부모님은 아들의 발에 엎드려 일어설 줄 모른다.

〈출발〉은 파리 외방 전교회 소속 신부님이 선교사를 파견하는 그림이다. 파견이나 이별이 아닌 출발이라는 이름으로 선교사들은 한껏 마음에 희망을 품었을 것이다. 그림 속 네 명의 신부님은 모두 병인박해(1866년)에 순교하여 성인이 되었다. 이 그림은 파리 외방 전교회 주님 공현 성당에 걸려 있다.

아주 오래전에 읽은 《천국의 열쇠》를 다시 펼쳤다. 치첨 신부 일대기라고 보면 신자가 아니라도 술술 읽히는 책이다. 동기 신부인

밀리는 주교 자리에 오르고 치첨은 중국 선교사로 떠난다.

수녀님과의 갈등, 페스트 환자를 구하기 위해 왔다가 페스트에 걸려 영원으로 가신 탈록 의사, 중국 내전으로 인한 민간인들의 기아, 무너진 성당을 다시 일으켜야 하는 숙명, 프로테스탄트교와 동거해야 하는 어려움 등으로 고민이 깊어 잠 못 이루는 밤이 많았다. 주님만을 바라보며 이겨 내고 기도와 묵상으로 마음을 다진다.

성당에 다니면서 중계자인 신부님을 뵐 때면 이런저런 일들로 생각에 잠기게 된다. 공동체를 이끌어 가야 하는 책임감으로 수많은 밤을 뒤척이고 계실 것이라 미루어 짐작한다. 나는 교회 일원으로 주일미사에 참여하고, 활동하는 단체에서는 최소한 역할만 하고 있다. 단체장을 맡은 분들은 힘들겠다고 생각하면서도, 어려움이 있을 때면 그분들에게 미루게 된다.

소설 속의 치첨 신부는 충실한 사제의 길을 걸었음에도 교회에서 인정받지 못한다. 교회 헌장에 나왔듯이 사제는 "진실한 마음으로 하느님을 찾고 양심의 명령을 통하여 알게 된 하느님 뜻을 실천하려는 사람"이다. 한국 교회가 성장하여 이제는 먼 타국으로 사제나 수도자들을 파견하고 있다.

인기 도서였던 《천국의 열쇠》는 제목이 뭇사람들 눈을 사로 잡지 않았을까 싶다. 신자든, 비신자든, 무신론자든, 자유사상가에게든 천국의 문은 열려 있다고 본다. 진정 천국의 열쇠를 찾기가 어려울 따름이리라.

파리 외방 전교회 좌우명은 '떠나라, 그리고 돌아오지 마라'다. 초기 가톨릭 시대에 우리나라에 와서 복음을 전파하다가 고향으로 가지 못하고 영면하신 분들, 제 십자가를 지고 묵묵히 걸어갔던, 지금도 걸어가고 있는 모든 분을 떠올린다.

내가 지고 가야 할 십자가도 세상 이치가 아닌 하늘의 이치를 생각하며 가야 할 길일 텐데…. 주일미사 후 '십자가의 길'을 걸어 봐야겠다. (2025)

그리움의 이름으로

장마가 소강상태다. 세차게 내리던 장맛비가 멈추어 준비한 우산은 거추장스럽다. 얼마 만인가. 덕수궁 돌담길이 눈에 들어오고, 비를 뿌린 덕에 도심 공기도 청량하다. 기대되는 전시회 때문인지 발걸음도 가볍다. 고향 선배 언니와 길동무가 되어 덕수궁 대한문으로 들어섰다.

이중섭 탄생 100주년을 맞아 특별전이 열렸다. 서귀포 이중섭 미술관은 연 24만 명이 찾는 명소가 되었지만, 작품 수가 그리 많지 않다. 이번 특별전은 국내외에 흩어져 있는 200여 점을 전시하고 있어 많은 사람이 기다리고 있던 터였다.

소를 많이 그린 민족 작가로 알려졌지만, 그림의 중심 소재는 가족이다. 은박지에 그린 그림을 보니 가난했던 화가의 속을 들여다보는 듯하여 짠한 마음을 숨길 수 없었다. 가족을 생각하며 보낸 편지에 그린 그림들도 애틋한 그리움이 묻어났다.

아이가 태어나 2개월 후부터 주중에는 시어머님이 돌봐주시고, 주말에는 우리 집에 와서 지냈다. 사는 읍내에서 버스로 15분 거리여서 주중에 한 번 정도 잠깐 보러 가기도 하고, 직장에 할 일이 많거나 볼일이 있으면 2주 만에 만났다.

시어머님은 네가 아이를 보고 싶지, 아이는 엄마를 보고 싶은 나이가 되지 않았다고 위로해 주시기도 하였지만, 주중에 즐기는 저녁 식사나 휴식 시간은 편치 않았다. 이유식을 챙겨 줄 수 없어 간편식으로 대신해야 하니 죄책감은 쌓여만 갔다. 감기도 잘 걸렸다. 내가 병원에 함께 갈 수 없는 상황이니 시어머님께 고맙고 미안한 마음뿐이었다. 낯가림이 심하여 주말에 데리고 오면 엄마인 나에게만 애착을 보이고 아빠에게도 거리감을 두었다. 언제까지 이런 생활을 해야 할지 끝이 보이지 않았다.

〈K시인의 가족〉 작품 앞에 섰다. 그림 속 시인이 아들에게 자전거를 태워서 밀어 주고 뒤에서 그를 보며 흐뭇해하는 시인 아내가 있다. 화가는 돈을 벌어 아들에게 자전거를 사 주겠다고 편지를 보낸다. 상황이 여의치 않았던 절절한 마음을 그림으로 토해 낸 듯싶었다.

서귀포에서 한 평 남짓한 방에 네 식구가 뒹굴면서 살았던 일 년이 가장 행복했다고 회상하는 화가. 가난 때문에 대한해협을 사이에 두고 아내와 두 아들과 생이별을 하며 살았다. 전시회를 열어도 그림은 팔리지 않았고 사기도 당하였다. 빨리 그림을 팔아 아들에게 자전거를 사 주고 함께 살고 싶었던 애절함은 묻어 두어야 했고, 자신의 삶을 지탱할 힘든 생활에 병까지 얻어 자책하면서 살아야만 했다.

백발의 한 노인이 마사코 여사 편지 앞에서 해설 폰에서 나오는 소리를 들으며 무언가 말하고 싶은 표정을 지었다. 언제면 네 가족이 함께할 수 있을까 하는 희망, 남편에게 보낸 편지에 대한 답장이 없어 답답해하는 아내 마사코의 절망하는 목소리, 일본에 와서 가족이 함께 살기를 애타게 기다리는 수많은 편지를 읽고 있었다. 어쩔 수 없었던 개인적·시대적 상황으로 함께 살지 못하는 또 하나의 애달픔이었다.

그리움을 담아 편지를 보내는 체험 코너가 있었다. 전시회가 끝난 다음 선정된 사람에게 중섭 화가의 도록을 준다는 말에 혹해서일까, 그리움을 버텨 내야 했던 지난 세월이 떠올랐기 때문일까. 펜을 들었다.

중섭 화가는 여러 가지로 어려운 상황에 있었던 시기였고, 외국에 사는 가족들과의 만남도 녹록지 않았다. 나의 그리움과는 비교도 안 될 극한 상황이었으니, 혼자 마시는 술이 큰 위안이 되었겠다 싶다. 가장으로서 가족에 대한 책임과 어미로서의 아이에 대한 죄책감은 거리가 있는 듯하나, 인간이 가지는 최소한의 연민과 그리움은 공통분모가 아니겠는가.

딸네 집에 와 있다. 긴 공부를 하였기에 자기 일을 오래하지 못한 아쉬움이 있었으나, 일과 육아를 함께한다는 것이 얼마나 힘든가를 실감한 나는 딸의 선택에 박수를 보냈다. 동화책 읽어주는 소리가 문 너머 들린다. 역할 놀이와 숨바꼭질하는 손자의 경쾌한 음성이 거실 바닥을 진동한다. 딸과 함께하지 못한 시간이 밀려든다.

읽던 책 위에 눈물 한 방울 뚝 떨어진다. (2018)

시 수필

내 동생

동생이 한 살이면
나는 여섯 살이었네요.
가녀린 내가 동생을 업겠다고
떼썼답니다.

잘생긴 동생 자랑하고 싶어 동네 한 바퀴 돌았습니다.
놀이하는 아이들을 보고 있는데
내 등이 따듯해지기 시작했답니다.
오줌을 누운 거지요.
싫지는 않았지요.
내 동생이니까요.

집에 돌아와 어머니께 이르니
미소만 지었답니다.

머지않아 남동생은 육순을 넘길 테고

나는 칠순을 바라보며
건강을 묻는 일이 잦아지겠지요.

서로 짐이 되면 어때요.
내 동생이니까요.
내 형제니까요. (2021)

출처: 네이버

생일

우연히 보게 된 방송 프로그램이다. 흥미 있는 이야기로 다음 날 방송을 기다리게 되었다. 케이티와 아만다는 쌍둥이 자매다. 85년생 자매는 33년 만에 해후한다. 무슨 일이 있었던 것일까.

케이티와 아만다는 같은 날 태어난 자매였다. 모두 미국인에게 입양되어 살고 있었다. 케이티는 자신의 정체성을 알기 위해 방황하던 중, 몇 년 전 유전자 검사를 의뢰하였는데 연락이 왔다. 똑같은 유전자의 다른 사람이 있다는 것이다.

아만다는 자신이 쌍둥이라는 것을 양부모로부터 들어서 알고 있어 쌍둥이를 찾기 위해 유전자 검사를 의뢰했는데, 케이티와 같은 회사에 의뢰했던 것이다.

케이티는 태어나 4개월 만에 좋은 양부모에게 입양되어 대학 교육도 받고 호텔에 근무한다. 오빠도 한 분 있다. 캘리포니아 중산층 가정에서 사랑을 듬뿍 받으며 예쁜 숙녀로 자랐다. 아만다는 미군 부부에게 입양되어 결혼도 하고 여섯 살 된 아들도 있고, 직업군인으로 살고 있다.

내 생일은 음력 12월 27일, 양력으로는 1월 27일이다. 모든 서류에는 양력으로 올라가 있다. 당시는 거의 음력으로 올리는 사회적 분위기임에도 친정아버지는 자식들 생일을 모두 양력으로 올렸다. 생일을 챙겨 주실 때는 음력으로 했다. 음력으로 하면 원숭이띠, 양력으로 하면 닭띠가 되었는데, 나는 이해가 가지 않았다. 부모님은 원숭이띠라고 하고 나는 닭띠라고 하니, 어머니는 핀잔을 주며 왜 나이를 줄이려고 하냐고만 했다. 성년이 되어 한참 후에야 그 이치를 이해할 수 있었다.

쌍둥이 자매는 처음 만나서 케이티 집에서 식사를 한다. 차려진 음식 중에 잡채가 눈에 잡혔다. 옛 어른들 생신상에 올리는 국수는 장수와 기쁜 소식이 온다는 속설이 있다. 잡채에 들어가는 당면에도 그런 의미가 있지 않을까 생각했다.

생일날 어머니가 늘 만들어 주신 음식이 잡채였다. 일 년에 한 번 먹을 수 있는 특식이었다. 음식을 많이 가려서 허약한 나를 위한 음식이었으나, 입이 짧아 많이 먹지 않았다. 생일날 만들어 주신 어머니 마음을 이제야 조금 알게 되었는지, 성인이 되어 잡채를 보면 입맛이 당긴다.

아버님은 생일날 자식들에게 이런 말씀을 자주 하셨다.

"너희들은 행복한 아이다."
"자신이 언제 태어났는지도 모르고 지내는 아이가 많아."
"내가 너희들에게 줄 생일 선물이 있다."
"태어난 날을 기억하고 있는 부모가 있다는 사실이야."

자매의 꿈은 자신의 부모가 누구였는지, 태어난 날이 언제인지 알고 싶어 했다. 두 사람은 케이티 집에서 생일 파티를 한다. 케이트는 12월 25일로, 아만다는 1월 어느 날로 생일을 지낸다고 한다. 쌍둥이 자매이니 생일은 같아야 하지 않겠는가. 케이티와 아만다 생일은 언제일까. 어떤 경로로든 부디 한국 부모를 만날 수 있는 좋은 소식이 있어, 같은 날 생일 케이크에 촛불을 켤 수 있기를 기원한다.

하늘이 나를 지상에 보낸 어떤 목적이 있을 것이다. 타고난 재능, 들어오는 수입, 얼굴과 골격, 그 모두가 하늘이 내려 준 선물이다. 거저 받은 선물을 어떻게 사용하느냐의 결정은 오로지 자신의 몫이니, 정신없이 세월을 허송하다가 어느 날 홀연히 생이 끝나지 않기를 바란다.

사람들은 자기가 태어난 날을 스스로 기억하지 못한다. 제도

적 장치에 올라간 것을 알기 전에는 부모나 가족에게 들어서 기억하고 있다. 나는 생일을 축하받을 적마다 365일이 내 생일이라고 말하곤 한다. 사소한 일상에 감사하기로 마음먹으니 하루하루가 생일로 다가오는 것이 아닌가.

친정어머니가 네가 오늘 미역국을 먹어야 할 날이니 집으로 오라는 전갈이 왔었다. 평생 기억했던 음력 생일을 계산한 것이다. 생일은 지난 토요일에 지났다고 말씀드렸다. 생일을 양력으로 기념하기로 합의한 지도 오래전 일이다. 세월이 흐르면서 생일날에 어머니를 뵙겠다고 다짐했건만, 그날은 갑작스럽게 돌아가신 선배 언니의 장례일이어서 어머니를 찾아뵙지 못하였다.

나는 겨울 아이로 태어났다. 올 생일에도 강추위가 몰려왔다. "겨울에 태어났으니 추위를 많이 탄다"라고 말씀했던 어머님을 불러낸다. 선배 언니가 보낸 생일 축하 메시지에 '겨울에 몸조리했을 어머니가 참으로 힘드셨겠다'라는 글을 읽다가 세상 떠난 어머니 생각에 마음도 추웠다. (2024)

잃어버린 것에 대하여

창 안에서 보는 날씨는 포근해 보였다. 문을 나섰다가 다시 들어왔다. 싸늘한 공기에 손이 시렸다. 장갑과 모자를 챙겨 길을 나섰다. 시내에 나갈 때는 버스를 자주 탄다. 시내와 떨어진 곳에 있으니 버스에서 볼 책은 늘 가지고 다닌다. 버스에 난방이 잘 되어 장갑을 벗고 책을 본 기억은 있다. 버스에서 내려 장갑을 찾으니 행방불명이다. 가방에 넣었어야 했는데…. 한숨만 나온다. 잠시 무릎에 벗어 누었다가 급히 내린 모양이다. 버스는 이미 저만치 달려가고 있었다.

애지중지하던 물건을 잃고 기억 속에서 사라져 버리기도 한다. 문득 그것을 잃었다는 생각이 미치면 사무치게 애석하고 그리움까지 밀려오기도 한다.

남편에게 처음 받은 선물은 상아색 순모 손모아장갑이었다.

그 당시 시세로는 만만치 않은 가격이었다. 아무 데서나 살 수 있는 것도 아니었다. 이시돌 목장에서 생산된 양털로 짠, 서울 조선호텔과 제주호텔에서만 살 수 있는 명품이었다.

일주일도 채 되지 않아 잃어버렸다. 어디에서 어떻게 사라졌는지 도무지 떠오르지 않았다. 잃어버린 것에 대하여 한동안 말하지 못하였다. 다시 사 주겠노라고 했지만, 염치없어 사양했다. 겨울이었으니 생일 선물로 받았지 싶다. 내 손에 끼워 준 털장갑은 내게 전하려는 포근한 마음이었을 텐데 말이다.

외국 여행지에서 생일을 맞았다. 자유 시간이 주어져 윈도 쇼핑도 했다. 후배들이 스페인산 의류점을 가자고 했다. 사고 싶은 것이 있으면 고르라면서, 생일 선물이라고 했다. 면 블라우스 하나 골랐더니 약하다면서 두어 개 더 고르라고 재촉했다. 장갑은 회색과 흰색이 어우러진 체크무늬였다. 고상하고 투박하지도 않고 촉감도 좋았다. 장갑 끝이 날렵하여 장갑을 낀 손이 우아하게 보이기까지 했다. 훈훈한 오후였다. 버스 속에 흘려버린 장갑이었다.

예비 사위가 큰절을 한 후 선물을 내밀었다. H백화점 로고가 새겨진 가방에, 다시 세련된 포장지에 싼 보라색 순모 장갑이었다. 손목 부근에는 바탕색과 어울리는 털이 둘러져 있었다.

보라색을 좋아하는 미래의 아내가 될 딸과 같이 골랐다 싶었다. 옷 한 벌 값이나 치른 듯했다. 마침 겨울이 다가오고 있었다. 예전에 잃어버린 장갑에 대하여 회상하며, 내게 꼭 필요한 선물이라고 속마음을 전했다.

서울에서 고향 의자매 언니들을 만나는 날이었다. 추위에 약한 나는 긴 오버코트에 머플러와 모자, 장갑까지 단단히 무장하였다. 고급 주택가에 자리 잡은 정갈한 한식 음식점에서 안온한 식사를 하였다. 갈 때는 대중교통을 이용하고, 올 때는 택시를 탔다. 내려서 장갑을 끼려는데 장갑이 없어졌다. 발이 돋았겠나 손이 돋았겠나. 이번에도 무릎에 잠시 놓았다가 그냥 내린 모양이다.

장갑을 세 번이나 잃어버렸다. 작은애 집에 며칠 묵고 있었다. 애석한 표정을 숨기느라 얼른 방으로 들어왔다. 지금까지 사위가 선물한 장갑의 행방에 대해서는 비밀 아닌 비밀이다.

겨울 문턱에 들어섰다. 잃어버린 장갑 생각으로 모래처럼 빠져나간 시간이 야속하기까지 하다. 가족과 지인이 내게 준 사랑과 깊은 정까지 잃어버린 것은 아니었기를….

잔뜩 흐린 하늘은 눈이라도 퍼부을 기세다. 겨울나기 할 장갑 한 켤레 사러 가야겠다. (2023)

환승역

내부 순환선은 지옥철이라는 오명이 붙었다. 목적지를 가려는 많은 사람이 갈아탈 수 있기에 붙여진 이름이지 싶다. 내게도 익숙한 노선이다. 아이들이 사는 곳에서 두 역을 지나면 S역에서 환승하여 원하는 곳에 이를 수 있다.

2호선을 타고 가다가 4호선으로 환승하여 혜화역에 내렸다. 〈2호선 세입자〉 연극을 예매한 이유는 웃을 수 있는 일이 없는 요즘, 웃음 속에 슬픔이 있는, 웃을 수도 울 수도 없는 이야기가 이 여름에 볼 만하다는 평이 올라와서다.

기관사가 되고 싶은 이호선 청년은 취직도 사랑도 실패하였지만, 정직원 꿈을 키우며 인턴으로 지내고 있다. 2호선 안에 세입자 네 사람이 살고 있다. 구의역에서 탄 구의 어르신, 방배역에서 탄 방배 아줌마, 역삼역에서 탄 건장한 방배 씨, 성내(잠실나루)

에서 탄 성내 씨다.

도시에서 벌어지는 시대의 애달픔을 그리며 극은 저마다의 사연을 웃기면서 슬프게 연출했다. 비록 세입자로 살고 있지만, 가족처럼 서로 챙겨 주고 걱정하며 하루하루를 보낸다. 세입자가 있으면 임대인이 있어야 하지 않겠는가. 인턴 이호선 씨와 네 명은 임대인이 누구인지를 알아낸다. 역장이었다. 시간이 흘러 세입자들에게 애틋한 사랑이 오고가고 역장이 받은 임대료는 좋은 일에 쓰이는 행복한 결말로 막을 내렸다.

연극은 청년들의 구직을 위한 지난한 삶, 가정과 사회 부조리, 나이 든 부모를 돌보고 싶지 않은 자식들의 이기심, 우리 사회 자화상이다. 웃음 치료는 억지로 웃으며 건강을 지키는 방법이다. 잠시 지친 영혼을 어루만져 주었지만, 애틋한 사연들과 마주하며 숙제 하나 안고 집으로 돌아오는 2호선을 타러 나왔다.

역마다 많은 사람이 오르내리고 빠른 걸음으로 느린 걸음으로 제 갈 길을 가고 있다. 지하철 안에 있는 사람들 표정에 웃음은 없고 저마다 걱정거리가 있는 기운이 흐르고 있다.

나는 이런 상상을 하고 있다. 내부 순환선을 타고 파란선, 주황선, 보라선, 갈색선 역에서 갈아타 종점까지 가 보는 것이다. 어느 곳에서도 환승하지 못한다면 제자리걸음이겠다. 결국 S역에 내려 집으로 돌아와야겠지만, 다음 환승역은 세상에 없는 하늘로 가는 역이 아니겠는가.

나의 삶도 서서히 환승역에 이른 것 같다. 지하철 대기선에서 노약자석이 있는 바닥을 찾고 있는, 머리 위에 앉는 서리와 얼굴에 늘어나는 점박이, 늘어나는 약봉지와 건강식품, 건강 정보에 눈과 귀를 세우고 있는 일상. 손녀는 그림 속 나의 이마에 큰 물결 세 개를 그려 놓았다. (2025)

더불어 사는 生

그녀가 툭 던지는 제주어로 강의실 분위기를 휘어잡는다. 후반기 강의가 마무리되어 쉬는 사이에 나에게 주고 싶은 것이 있다는 문자가 왔다. 개강하면 받아도 된다고 뜸을 들였다.

지인이 한 보따리 들고 온 식물이다. 끓여 마시면 건강에 좋다는 짧은 말만 던지고 갔다. 선배 언니는 스테인리스 냄비를 사용하지 말고 물 끓일 전용 도자기 냄비를 준비하라고 했다.

봄학기에 등록하지 못할 사정이 생겼다고 집으로 가져오겠다고 했는데, 마침 선약이 있어서 나갈 참이었다. 오후에 그녀가 근무하는 사무실 정문에서 만나기로 했다. 종이봉투에 신문지를 덮어 건네 준 것은 겨우살이다. 여러 가지 주의 사항을 알려 주고는 바쁜 걸음으로 일터로 향했다.

이틀 후 여섯 가지 주의 사항을 적은 문자가 날아왔다. 얼마

지나 놓쳐 버린 한 가지 주의 사항은 '하루에 두 잔 이상 마시지 않는다.' 나는 일곱 가지 사항을 적어서 냉장고에 붙여 놓았다. 겨우살이는 쌍떡잎식물 상록 기생 관목이다. 참나무, 물오리나무, 밤나무, 팽나무 등에 붙어 산다. 전통의학과 민간요법으로 중요한 위치에 있는 독특한 식물이다.

선물해 준 겨우살이에는 붉은 열매가 섞여 있었다. 붉은 겨우살이는 제주도에서만 자라고, 해발고도 500~1,100m 지역의 나무에 기생한다고 하니, 그녀의 일상과 겹쳐졌다.

도시에 살고 있지만 자연 친화적인 삶을 살고 있다. 한라산 사계와 오름을 두루 섭렵하고 겨울 등반도 두려움 없이 쉽게 가고 있음은 가끔 단체방에 올리는 설 풍경이나 동영상을 보고 짐작을 했었다.

붉은 겨우살이는 나무에 기생하여 새 둥지처럼 1m 정도 자라고 2~3월에 꽃이 피어 12~1월 사이에 붉게 익는다. 꽃이 귀한 한겨울에 초록 가지와 빨간 열매가 보색을 이루어 환상적이다. 맑은 날이면 잎이 다 떨어진 겨울나무에 파란 하늘을 이불 삼아 달린 붉은 겨우살이가 그녀의 눈에 확 들어왔지 싶다.

건강에 좋다는 이야기는 이미 들었을 터. 귀한 약재를 따며 무엇을, 누구를 떠올렸을까. 붉은 열매는 혹한에 배고픈 산새들에게는 먹이로, 새를 통해 씨앗이 멀리 퍼져 번식지를 넓혀

간다. 인간에게나 새들에게나 서로 도우며 삶을 이어가는 순수한 아름다움을 읽는다.

겨우살이는 겨울에도 푸른 잎을 유지하여 불멸의 상징으로, 차가운 계절 속에서 생명의 기운을 받은 강인한 존재로, 사랑과 희망과 인내의 의미를 품고 있다. 그러고 보니 제주 가로수와 정원수로 많이 심는 먼나무가 생각났다. 꽃이 귀한 계절에 붉은 열매는 관광객들의 호기심을 불러일으킨다. 정원수로 심은 먼나무에 첫눈이 살포시 내리면 겨울 동백과 함께 따뜻한 온기를 느끼게도 한다.

먼나무도 붉은 겨우살이처럼 새들의 밥이 되고, 새들이 퍼트린다. 먼나무 열매를 하나도 남김 없이 먹은 새에게 섭섭했던 마음을 다스린다. 먼나무의 꽃말은 기쁜 소식이라니, 우리 집에도 좋은 일들이 있겠다 싶은 나만의 상상에 빠져 보았다. 나무들은 다가올 봄을 기다리며 겨울잠에 들었으나, 더불어 사는 겨우살이는 겨울에도 우리에게 보약을 주고 있다.

건강하게 지내길 염원했던 그녀를 생각하며 겨우살이 한 줌을 냄비에 넣고 끓이고 있다. (2025)

다섯째 마당

삶을 위한 아다지오

우주의 어둠 속에 외롭게 떠 한낱 먼지와
한 점만도 못한 우리 삶에 일침을 준다.
감사하고 기도하고 기뻐하면서
지구를 사랑하라 한다.

– 〈창백한 푸른 점〉 중에서

그런 사랑

어느 해 4월 마지막 날이었다. 하루 먼저 달력을 걷으니 붉은색으로 채워진 날들이 저마다 잊으면 안 된다고 아우성을 치는 듯하다. 어린이날이 먼저 고개를 내민다. 이어 어버이날과 스승의 날까지, 줄줄이 이어지는 기념일들로 마음 써야 할 곳들이 많았다.

어린이날을 기다리는 아이들은 크게 손을 내밀지는 않았다. 책 한 권으로 만족했다. 최소한 자식 된 도리를 해야 하는 어버이날, 아이들 선생님과 나의 스승님들께도 감사의 마음을 전해야 할 일들로 동동거렸다.

언제부터인가 빨간 날이 하루 더 늘었다. 5월 21일 부부의 날이다. 그때는 요즘 같은 국민청원이 없었을 텐데, 어떻게 생긴 걸까. 나중에 생긴 기념일이라 있는지조차 모르는 이들도 있다.

자신보다 주위를 먼저 챙겨야 하고 거두어야 할 일이 태산인데, 어찌 저들의 날이라지만 여유를 부리며 즐길 수 있겠는가. 차츰 항간에 알려지면서 부부의 날 서로에게 무심했다는 불편한 마음이 생긴 이야기도 들렸다. 부부지간에 촌수가 없는 것은 가깝다는 이야기인지 멀다는 이야기인지 지금도 아리송하다.

남편도 부부의 날을 모르는 눈치였다. 저녁을 차리지 않고 남편 귀가 시간을 기다리고 있었다. 부엌에 있어야 할 내가 느긋하게 거실에서 음악을 듣고 있었다.

"갈비 먹으러 가요."

"웬일?"

시간에 쫓겨 살면서도 외식은 좋아하지 않았다. 남편이 외식하고 싶다고 해도 가끔 거절하며 묵묵히 밥을 차리곤 했다. 그런 아내가 외식을 하자고 하니 반가워하면서도 놀라는 것은 당연할 일일지도 모른다. 동네 음식점에서 갈비를 먹고, 2차로 바로 옆 생맥줏집에 갔다. 나는 건배용으로 받아놓고 남편이 내 몫까지 마시곤 했다. 부부의 날이지만 함께 외식하는 정도가 우리 집 풍속도였다.

아침 시간은 늘 분주했다. 출근 시간에 맞춰 가려면 아침에 한 번 오는 버스를 놓치면 지각이다. 읍에서 떨어진 오지에 있는 곳에 근무할 때 일이다. 남편이 아침밥을 한식으로 먹지 말고 양식으로 바꾸자고 했다. 간단한 양식이 출근 버스를 탈 수 있는 몇 가지 대안 중 하나였다. 식빵에 달걀부침이나 치즈 한 조각 얹고 사과 반쪽이면 충분했다.

아침 시간을 줄일 방법이 하나 더 있노라고 했다. 내가 순서대로 화장품을 늘어놓으면 여닫아 주겠다는 기발한 아이디어를 꺼냈다. 아무리 시간이 없어도 화장하지 않은 얼굴로 출근한다는 것은 용납이 되지 않았다. 평소에 그리 자상한 말이나 행동을 하는 사람이 아니었는데, 그런 기발한 생각을 할 수 있다니…. 섭섭한 일이 생길 때면 두 가지 일을 떠올리면서 큰 자비를 베푼 듯, 무심했던 남편에게 후한 점수를 주었다.

신세대 피아니스트 L이 연주한 리스트의 〈사랑의 꿈 3번〉을 들으며 희미해진 사랑을 소환하고 있다.

오! 사랑하라, 사랑할 수 있는 한
오! 사랑하라
사랑할 힘이 남아 있을 때까지
시간이 오리라.
시간이 오리라.
그대가 무덤 옆에서 슬퍼할 시간이 오리라.

리스트가 이 곡을 지은 이유에는 가슴 아픈 사연이 있었지만, '사랑할 수 있는 한 사랑하라'고 하는 애절한 피아노 선율이 나에게 전하려는 말은 무엇일까. '사랑을 표현하지 못하는 것은 포장한 선물을 주지 않는 것이다'라고 했던가.

저물어 가는 오월에 장미 한 송이 들고 꿈에 나타날지도 모른다는 착각을 하며 잠자리에 든다. (2025)

함께 가는 길

양산을 함께 쓴 두 사람 뒷모습이 정겹게 다가온다. 연인인지 부부인지 알 수 없지만. 6월 모하비 사막은 한국 8월의 열기보다 따가웠다. 콜로라도 강 침식작용으로 만들어진 말발굽 협곡을 보기 위해 길을 나섰다. 주차장에서 오가는 거리가 2.4㎞다. 건강 음료인 물도 백팩에 두 병이나 넣었다. 길지도 짧지도 않은 거리지만 선글라스와 긴소매 옷, 장갑을 끼고 양산까지 폈다.

봄은 짧고 여름은 길어지고 있다. 5월에 봄나들이 간다는 말도 무색하게 하는 기후 변화다. 여름에 쓰던 양산이 일찍 현관에 나와 주인을 기다리고 있다.

친정어머니는 나들이나 장에 갈 때 나를 벗삼았다. 양산 쓴 어머니 다리 옆에 매미처럼 꼭 붙어 다녔다. 너무 가까이 가면 걸음걸이가 불편했다. 약간 거리를 두면 “양산 아래로 들어오라”

하시며 나의 윗옷을 잡아당겼다.

어머니와 키 차이로 양산 기울기에 따라 내가 햇빛을 받게 되면 가던 길을 멈추고 위치를 바꾸곤 했다. 해가 있는 쪽으로 양산을 기울이고 나는 그 반대편에서 걸으면 어머니 몸으로도 햇빛을 가릴 수 있었다.

다시 걷다가 떨어질라치면 "어머니 옷을 잡아라. 가까이 오렴" 하며 내 어깨를 감쌌다. 양산 아래로 불어오는 바람이 볼에 닿는 느낌도 좋아 콧노래가 나오곤 했다. 분홍색으로 수놓아진 일본제 양산이었다. 구하기 힘들고 값이 나가는 양산을 어떻게 어디서 샀는지도 궁금했다. 박봉으로 살림을 꾸렸기에, 목표를 세우고 꾸역꾸역 한두 푼씩 모았으리라.

시내로 나갈 때는 버스를 많이 이용한다. 봄에 양산을 쓰고 다니는 사람은 많지 않으나, 나는 한사코 양산과 한 몸이 된다. 현관 장에는 양산이 여러 개 있다. 내가 산 비에 젖지 않는 양산, 지인이 선물해 준 이중 천으로 된 보랏빛 양산, 일본에 사는 K언니가 선물한 양산은 무려 세 개나 된다.

언니는 일 년에 한두 번 제주를 방문했다. 앙증맞은 검은색 수양산을 들고 나를 만났다. 둘이 조그마한 양산을 쓰고 걸으며 옛이야기를 주고받았다. 어릴 적 어머니와 수양산 썼던 추억담을 이야기했더니, 헤어질 때 쓰고 있던 양산을 냉큼 건넸었다.

쓰던 양산을 준 것이 마음에 걸렸는지, 이듬해에는 새로 산 검정 수양산을 선물해 주었다. 다시 해를 넘기고 왔을 때는 비가 와도 문제가 없는 파스텔 색조 양산을 사 오셨다.

언니는 부모님이 모두 세상을 떠났으니 고향 방문도 뜸해지고 있다. 오늘은 어떤 양산을 가지고 나갈까. 현관에서 잠시 망설인다. 양산을 쓰고 나가는 날은 으레 친정어머니와 K언니를 불러내곤 한다. 양산 속에 두 사람이 함께 있다는 착각, 아니 진정 함께 가고 있을 게다.

우연히 보게 된 영상에 눈이 멈췄다. 사막에 두 사람이 걷다가 좀 쉬어 가고 싶은데 태양은 작열하고 그늘이 없다. 한 사람은 서고 한 사람은 앉아 있다. 서 있는 사람의 긴 그림자가 사람 나무가 되어 준다. 걸을 때는 키가 큰 사람 옆에 딱 붙어 걸어간다. 목마른 사막길에 두 사람 뒷모습이 멀어져 가고 있었다.

나에게 그늘이 되어 주었던 이들이 아스라이 떠오른다. 지금껏 누군가 그늘이 되어 주었던 일은 얼마나 있었고, 요즘 내게 그늘이 되어 주고 있는 것은 무엇이며, 누구인가를 묻는 중이다.

동행이란 숲속에서 길을 잃었을 때 같은 곳을, 같은 마음으로 가는 걸음이 아닐는지…. (2024)

55119

CD를 조심스레 밀어넣는다. 재생 단추를 누르는 미세한 손 떨림이 전해 온다. '쿵쾅, 쿵쾅, 쿵쾅….' 42초 동안 눈을 감고 나의 심장 소리를 듣고 있다.

이에우라 항에 도착, 다시 빨간색 마을버스로 갈아탔다. 십여 분쯤 걸었을까. 옻칠한 나지막한 목조 건물이 섬 끝자락에서 우리를 맞아 주었다. 〈심장 소리 아카이브〉는 파리 출생 유대인 예술가의 작품이다. 그는 세계 곳곳을 다니며 다양한 사람들의 심장 소리를 녹음하여 이곳에 보관하는 중이다.

아카이브로 들어가는 입구 벽에는 최근에 저장한 사람들 정보가 쓰여 있고 심장 소리도 들려왔다. 작은 책상에 놓인 책자에는 나라별로 저장된 사람들 이름이 있다. 깜깜한 방에 들어서는 순간, 걸음 소리조차 내면 안 되겠다는 생각으로 발뒤꿈치를 들었다. 꼬마전구가 켜졌다 꺼졌다 하며 빛과 어둠이 반복되고 있다. 생명의 탄생과 소멸을 한 방에 모아 놓았다 싶다. 벽면 가까이 가서 누군가의 심장 소리를 들으니 사십여 년도 훨씬 넘은 어느 해 겨울에 있었던 일이 떠올랐다.

두 번째 아이를 가졌다. 연년생이 되어 부담은 있었으나 큰 아이에게도 친구가 될 동생을 안겨 주는 일이었다. 입덧도 심하지 않고 중반기에 접어들면서 배를 힘차게 차며 건강하게 자라고 있다는 신호를 보내 주었다.

배가 점점 불러오면서 첫아이와는 다른 느낌이 왔다. 동그스름해야 할 배 모양이 한쪽으로 처지기 시작했고, 걷거나 앉아있을 때도 불편하여 신경이 쓰이곤 했다. 쌍둥이를 가졌을지도 모른다고 남편에게 이야기했더니, 한 번에 둘을 얻으면 얼마나 좋겠느냐는 농담까지 했다.

새로 옮긴 직장은 비포장도로를 타야 했고, 오지에 있어서 첫차를 놓치면 지각이었다. 하루하루 긴장되는 시간이었고 피곤했지만, 이듬해 봄 아이를 얻을 기쁨으로 견딜 만했다.

정기 진료를 다녀도 이상 증세를 발견하지 못했다. 요즘처럼 의학이 발달한 때가 아니어서 태아의 심장 소리를 들려주지도 않았고, 태아 사진을 찍지도 않았다. 다만 의사 내진과 산모 이야기로 진료가 마무리되었다.

점점 달수가 차면서 불편한 상황을 상담했더니, 영상의학과를 다녀오라고 권했다. X-ray 사진을 본 영상의학과 의사는 특별한 것은 보이지 않는다고 했다. 망연자실한 모습으로 의자에 앉아 있는 모녀를 보고는 다른 방향으로 다시 한번 찍어 보자고 권했다. 사진 두 장을 가지고 다시 산부인과로 달려갔다. 별일이 없기를 바라는 마음으로 진찰실로 들어갔다.

"아이를 포기하세요."

강력한 의사의 권고에 무너지는 가슴을 쓸어내렸다. 태어난다 해도 긴 인연을 가질 수 없다고…. 가뿐해진 배는 엄마가 될 수 없다는 것을 말하는 것이었고, 세상 빛을 보지 못한 태아가 무언의 말을 거는 듯한 환청은 뭉근하게 오래갔다.

임신 6주 이상이 되면 태아의 심박수를 들을 수 있고, 중기쯤이면 사람 모습을 갖추어 성별도 구별되고, 말기가 되면 체온 조절이 가능하고 호흡도 안정되어 세상에 나올 준비를 하지 않는가. 8개월 동안 둘이서 한 몸이었던 태아와의 이별은 가족들에게도 큰 충격으로 다가왔다.

시어머님과 시댁 친척분은 세상 빛을 보지 못한 태아를 고향 바닷가 근처에 남기고 왔다. 시어머님에게는 큰손자로, 남편에게는 목욕탕에 함께 갈 수 있는 아들로, 딸에게는 사랑스러운 남동생으로 남지 못한 아쉬움이 컸으리라 짐작한다. 〈심장 소리 아카이브〉를 체험한 후, 먼 과거의 일을 소환하며 지켜 주지 못한 아이에 대해 미안함이 다시 가슴을 치고 있다.

이런저런 복잡한 생각을 하지 않고 녹음실로 들어갔다. 내가 세상을 떠난 후에도 다른 사람이 이곳을 방문한다면 언제든지 내 심장 소리를 들을 수 있다. 작가는 "섬 끝자락인 이곳에 시간을 내어 들어오는 자체가 순례다"라고 했다. 녹음 후에 받은 CD에는 고유번호 '55119'라고 쓰여 있다.

심장 소리가 녹음된 CD를 다시 듣는다. 먼 과거의 일을 소환하며 지켜 주지 못한 아이에 대해 미안함으로 또 한 번 가슴을 치고 있다. 만일 가뭇없이 가 버린 태아 심장 소리 파일을 갖고 있다면, 깊은 시름에서 벗어날 수 있었을까 하는 생각으로 혼란스럽다. 그때는 마음에 여유가 없어 아이에 대한 애도 시간도 충분히 가지지 못했다. 늦게나마 잠시 한 몸이었던 아이, 지켜 주지 못한 어린 영혼에게 기도 손을 모은다. (2024)

창백한 푸른 점

이륙 신호가 떨어졌나 보다. 벨트를 매고 숨을 고르는데 굉음을 내며 힘차게 날아오른다. 점점 작아 보이는 집과 건물들, 실처럼 가늘어지는 길들을 뒤로하고 바다만 보이다가 구름 속을 뚫고 들어간다.

구름 위에 떠 있는 비행기는 이상기류를 만나지 않는 한 흔들림 없이 목적지를 향해 간다. 온도가 일정하고 운항하기 적합한 지역이라 자동차를 탔을 때보다 편안하다. 7천 내지 높게는 1만 2천 고도쯤에 몸을 맡긴 거다.

비행기 여행을 할 때면 쏘아 올린 우주선이 온 세상 사람들에게 미지의 세계를 꿈꾸게 했던 시간이 겹쳐진다. 무인이나 유인 탐사선으로 우주를 개척하려는 계획은 여전히 진행형이다.

설치미술 전시회를 보러 가자는 K의 제안에 선뜻 나섰다. 첫째

방에서 마주한 작품들이 상상력을 불러일으켰다. 네 명 작가들은 현실에 매몰되어 살아가는 우리 모습을 다양한 재료로 표현했다. 우리는 영원히 살 것처럼 바둥거리고 있었다.

다음 공간으로 조심스럽게 발을 옮겼다. 시간은 누구에게나 공평하게 주어지나, 누구에게나 같은 가치를 주는 것은 아니지 않은가. 작품을 보면서 가슴에 폭 안기는 경이로움이 느껴졌다. 지금 나는 어느 곳에 머무르고 있고, 어디쯤 와 있고, 어디로 가고 있는지 자문해 본다.

다른 구역으로 건너간다. 밤하늘을 별처럼 수놓은 수백 개의 전구가 가득하다. 안내자가 설치된 네 개의 구멍으로 숨을 불 수 있다고 했다. 센서에 감지된 숨으로 모든 전구가 빛을 발하여 공간을 밝히는 장면을 연출한다. 숨은 살아 있음이다. 관객과 만나는 이 공간은 어려움을 견디어 내는 회복 탄력성이었다.

LED 디스플레이와 거울로 둘러싸인 공간에서는 광활한 우주까지 이어진다. 보이저 우주선에 실렸던 골든 디스크에서 세계 각국의 언어로 전하는 인사말이 공간을 울린다. 광대한 우주와 연결된 자신과 마주하게 만든 전시 테마 공간 '우리는 별의 먼지다'라는 문구는 내가 매일 읽고 있는 묵상 글을 불러들인다.

사람을 먼지로 돌아가게 하시며
"사람들아, 돌아가라" 하시오니

천년도 당신 눈에는, 지나간 어제 같고
한 토막 밤과 같사옵니다.
당신이 그들을 쓸어내리니, 그들은 아침에
든 선잠 같고, 사라져 가는 풀과 같사옵니다.(시편 90:2~6)

우주선에서 바라본 지구는 '창백한 푸른 점'이었다. 보이저 1호가 명왕성 부근에서 찍은 사진을 말한다. 보이저 프로젝트에 참여한 천문학자 칼 세이건은 카메라를 지구 쪽으로 돌려 찍자고 제안한다. 하여 세이건의 사진을 표지로 실은 책 《창백한 푸른 점》이 나왔다.

지구가 한 점이라니, 모든 것을 가졌더라도 이 사실을 떠올리면 겸손할 수밖에 없다. 수필을 지도하는 교수님도 자주 우주적인 생각을 하라고 강조한다. 얕은 지식을 자랑하지 말고, 경박한 글을 피하고, 교훈적인 이야기를 삼가고, 진솔하고 담백하게 꾸밈없이 겸손하게 쓰라는 말일 게다. 겸손의 자리에 교만과 욕심이 채워지고 있는 것은 아닌가 되물어 본다.

칼 세이건은 말한다.

"그 작은 점 위에서 인류의 기쁨과 슬픔이, 종교와 이념이, 영웅과 비겁함 같은 모든 역사가 이루어진다."

'우리 이토록 작은 존재들' 전시회 주제를 다시 새겨본다. 우주의 어둠 속에 외롭게 떠 한낱 먼지와 한 점만도 못한 우리 삶에 일침을 준다. 감사하고 기도하고 기뻐하면서 지구를 사랑하라 한다. (2025)

따뜻한 손

문고리를 잡아 준다. 눈짓으로 어서 먼저 들어가란다. 고개 인사를 하고 기꺼이 받아들였다. 팔순을 훨씬 넘긴 어르신 배려로 찻집으로 들어섰다.

주소를 메모해 두려고 메시지를 보냈다. 바로 벨이 울렸다. 며칠 전 꿈에서 나를 보았다며 점심을 같이 하자고 했다. K장로님은 평생 하던 일을 접은 지 20년이 넘었고, 지금은 교회와 사회 봉사 활동으로 바쁘게 지내고 있다.

같은 공간에 근무한 적은 없다. 포상으로 받은 서유럽 시찰단장으로 함께했던 인연이 이어지고 있다. 처음으로 가는 선진유럽을 보면서 받은 감회도 그러하거니와, 그보다 마음을 두드린 것은 단장님의 자상한 모습이었다.

큰 트렁크를 차에서 내리고 올려 주고, 버스를 오르고 내릴 때 먼저 타라고 배려하는 손짓, 입구를 드나들 때 문고리를 잡아 주는 손이 너무도 자연스러웠다. 외국 문학을 전공한 분이어서 몸에 배었나 싶었지만, 내겐 신선한 충격이었다. 10박 11일 동안 참 행복했다.

그분은 제주이주민센터장을 오랫동안 지냈다. 다국적 국민의 어려움을 들여다보기 위해 러시아어를 비롯한 여러 언어를 터득했다. 매일 새벽 기도로 그들을 위한 기도 손을 모았다. 모든 사람은 소중하고 사랑받을 자격이 있다고 말씀하신다. 사각지대에 있는 분들의 어려움을 이해하려고 얼마 전까지도 사회복지 공부도 계속했다. 차를 마시는 동안 통화가 이어졌다. 며칠 후에 있을 행사 일정을 조율하는 것 같았다. 일주일에 나흘은 여러 분야 봉사자 삶을 살고 계시다.

차를 마시며 세상 사는 이야기를 나누었다. 어려운 환경에 있는 제자를 돌보았던 일은 한 편의 드라마를 보는 듯했다. 지금은 회사 중역을 맡고 있는데, 수시로 연락을 주고받으며 지낸다고 했다. 담임도 하지 않고 수업만 들었던 제자다. 어려움을 겪을 적마다 최고의 선택을 할 수 있도록 보듬어 주었다. "왼손이 하는 일을 오른손이 모르게 하라"는 말씀을 실천하셨고, 여전히 온화하고 부드러운 기운을 조용히 퍼뜨리고 있다.

당신 이야기보다는 나에게 초점을 맞춰 대화를 이끌어 갔다.

우리 아이들 근황과 수필 공부하는 이야기, 종교에 관한 이야기도 나누었다. 여러 가지 종교 서적을 보며 다른 종교에 대해서도 열린 마음을 가지고 있었다. 100세를 넘긴 철학 교수 삶에서 건강 비결을 배웠다고 했다. 마음을 비우고 하느님이 부르는 날 기꺼이 지상을 떠나야 하지 않겠느냐고 말을 거두었다.

수필집이 나오면 점심을 사겠다며 두 손을 꼭 잡아 주셨다. 얼마 후 먼 길 떠나는 나에게 안전한 여행을 위한 기도도 해 주셨다. 손을 잡아 준다거나 손을 내민다는 것은 기쁨과 슬픔을 함께하겠다는 무언의 약속이 아닌가. 모든 것은 사랑이라고 했다. 고린도전서 13장을 최고의 가치로 보고 계셨다.

신문에 실린 수필을 잘 읽었노라고 점심을 사겠다는 전화가 왔다. 마침 약속한 날, 가을이 무색하게 장대비가 쏟아졌다. 약속한 초밥집으로 오지 말고 따뜻한 돌솥비빔밥집에서 만나자고 했다. 그리고 조심히 오라는 문자가 도착했다.

장화와 우비까지 입고 길을 나선다. 사진에서 명화에서 일상에서 아름다운 손을 볼 때마다 진정성 있는 장로님의 삶을 떠올리곤 한다.

헤어져야 할 시간이다. 나는 길을 건너야 했다. 파란 신호등이 켜질 때까지 기다려 주셨다. 풍성한 영성을 가진 그분을 뵐 때마다 내 삶 안에 듬직한 기둥 하나 세운다. (2025)

시 수필

꽃 한 송이

장미 한 송이 들고 왔다.

큰 애를 부른다.
일주일에 천 원 줄 테니
거실 탁자에 꽃꽂이하란다.

쑥스러웠나.
전하고 싶은 말을 꽃으로 대신하려나.
가장이란 이름으로 전하는 사랑의 말을.

거실에는 일주일에 한 번 다른 꽃이 핀다.
천 원보다 몇천 배 비싼 꽃이 핀다.
영원히 시들지 않는 사랑 꽃이 핀다. (2021)

삶을 위한 아다지오

음악 방송에서는 종일 애도 음악을 들려주었다. 날벼락 같은 소식에 어떤 위로의 말이 필요하겠는가. 멘델스존 말처럼 진정한 음악은 말보다 몇천 배 나은 것으로 영혼을 채우고 있지 싶다. 동체 착륙으로 사고를 당한 고인들과 유가족, 온 국민의 슬픔을 사무엘 바버의 〈현을 위한 아다지오〉로 어루만지고 있다.

고요하고 평온한 현악기 선율이 흐른다. 바이올린, 비올라, 첼로, 더블베이스 울림이 살아남은 자와 살아 있는 이들을 눈물짓게 한다. 느리고 잔잔하며 약간은 어둡게 이어지다가 점점 울림이 커지며 격렬한 감정으로 이끌어 간다. 마치 예상하지 못한 가족들과 지인들의 속울음처럼 다가온다. 영혼들의 못다 한 말과 유가족들의 절규가 어우러진 비통함에 내 눈에도 큰 이슬이 맺힌다.

팔순을 축하하기 위해 3대가 추억 여행을 떠났다. 오래전 모임을 했던 퇴직과 승진을 앞둔 동료들도 함께했다. 다가오는 봄에 결혼할 예비 신랑과 신부와 아직 꿈도 펴 보지 못한 미성년자들의 절절한 사연이 눈물 짓게 한다.

아다지오는 라르고와 안단테 사이의 '천천히, 매우 느리게' 연주하라는 악상 기호다. 그들은 바쁜 세상일을 접어 두고 잠시 느린 시간을 가지려고 짬을 냈다. 외국에서 연말에 한 해를 마무리하고 새 출발 할 기대에 마음도 한층 부풀었으리라.

다시 평온하고 고요한 리듬을 타며 끝을 맺는다. 음악은 끝났지만, 끝난 것이 아니다. 온 나라를 뒤흔든 애끊는 마음은 언제쯤 가라앉으려나. 세계적인 유명 인사들 장례식에서, 9·11 테러와 세월호 같은 참사 추도식에서도 위안을 주었던 음악이다. 작곡가가 생을 마감한 장례식에도 울려 퍼졌다. "The prayer"을 열창하던 가수들도 소환된다. 아픈 기억이 치유되어 평정의 자리로 돌아오길 기도할 뿐이다.

음악은 절망을 희망으로, 미움을 용서로, 불신을 믿음으로 이끄는 오묘한 힘이 있다. 인성 교육을 담당할 때였다. 마지막 날 밤 '성찰의 시간' 프로그램이 있었다. 소녀들은 한복을 차려입고 하얀 종이 한 장을 무릎 앞에 두고 진행자가 들려주는 느린 첼로 음악에 귀를 모았다. 큰 강의실에 음악이 흐르기 시작하면 감성 가득한 사춘기 소녀들 마음을 건드렸다. 낮에는 재잘거리며 교육받던 아이들이 숙연해진다. 자신이 켠 촛불과 깊은 선율에 몰입되어 훌쩍거리며 우는 아이들도 더러 있었다. 아이들과 같이 나도 그 분위기에 젖어 메모장에 글을 남기곤 했다. 섬세한 손이 필요한 작은애와 스스로 도시락 챙기는 큰애가 눈에 자주 밟혔었다.

유튜브로 바버의 현악 4중주 op.11 2악장을 다시 듣는다. 애잔하고 명상적인 분위기로 흐르다가 감정의 파고를 높이며 굽이쳐 오른다. 음악이 끝났다 싶더니 잠시 숨을 고르고 서서히 가라앉으면서 평화롭게 침잠한다.

발목 부상으로 거의 외출하지 못하는 상황이 되었다. 서두른 것은 아니었고, 산책하다가 순간에 일어난 일이다. 남은 한 달을 마무리하고 새해 계획을 세우려던 참이었다. 현악기의 깊은 울림이 마음을 파고든다. 위로와 치유의 힘으로 다가왔다.

시대를 초월한 애도곡이었지만, 내게 전하는 메시지에 귀를 기울인다. 때론 천천히 걷고, 때론 강렬한 불꽃처럼 지냈으나 이제는 좀 느리게 살아보라고 말을 걸어오고 있다. (2025)

가시 없는 장미

정원에도 우리 동네도 온통 꽃 잔치다. 봄의 전령 매화에 방울이 생기고 나면 얼굴 큰 수선화는 며칠 사이에 일가를 이루었다가 서서히 사라진다. 물이 오르기 시작한 꽃잔디 향연이 열린 뒤, 장미가 여왕처럼 으스대기 시작한다.

정원에 장미를 심었었는데 여러 번 실패를 맛보았다. 옆집과 우리 집 주차장은 경계가 없어 옆집 대문 옆에 함초롬히 핀 장미를 수시로 만난다. 장미 한 송이 꺾어 식탁에 장식하려다 가시에 찔렸다.

장미는 빛나는 아름다움으로 시가 되고 소설적 상상력을 불러일으킨다. 항간에 알려진 릴케의 죽음은 장미 가시에 찔려 죽었다는 이유로 세상 어느 죽음보다도 유명하다. 사실은 패혈증으로 죽었는데, 그의 묘비명에 새겨진 유언 때문이라 한다.

아시시 성 프란치스코 흔적을 찾아가는 순례가 며칠째 이어지고 있다. 성인의 영성을 본받고 있는 그룹에 끼어 함께할 수 있음은 축복이었다. 오상(그리스도가 십자가에 못박혔을 때 생겨난 것과 같은 상처)을 받았다는 라 베르나, 나병 환자촌에서 형제들과 움막 생활을 했던 리보토르토, 본격적으로 가난, 정결, 순명의 정신으로 활동했던 성 프란치스코 성당, 성인이 수도자가 되기 전에 살았던 아시시 시내를 지나 산타 마리아 델리 안젤리 성당에 이르렀다.

안젤리 성당 안쪽에 11세기에 지어진 포르치운쿨라 성당이 있다. 이 경당은 성인이 가장 좋아하던 곳이다. 성인은 이곳에서 복음적 삶을 시작하고 일생을 마쳤다. 포르치운쿨라 성당 오른쪽 통로를 따라가다 보면 장미 정원이 나온다.

정원 안에는 들어갈 수 없다. 새들에게 설교하는 성인은 피조물과도 소통하였다. 정원 안에 성인과 늑대와 함께 있는 동상이 있다. 마을에 늑대가 나타나 사람들을 괴롭힌다는 말을 들은 성인은 늑대와 소통하여 순한 양이 되어 산으로 올라가 다시는 내려오지 않았다고 전해진다. 장미 정원은 화려하지도 않고 군데군데 소박하게 자라고 있었다.

성인도 기도에 전념할 수 없을 때가 있었다. 인간의 원초적인 욕망으로 집중할 수 없을 때는 정원에 있는 장미 가시에 알몸을 문지르며 생각을 가다듬었다고 한다. 하여 가시 없는 장미

덩굴이 생겼다. 장미를 다른 곳에 번식시켜도 가시 없는 장미가 피었다는 전승이 내려온다. 신앙의 신비는 어디까지가 끝일까 하는 생각에 머문다. 성인이 깊은 영성 생활을 이어 가는 길이 쉽지는 않았다고 생각하며 아시시를 떠나 로마로 가기 위해 밀라노행 비행기에 올랐다.

'말에 가시가 있다'는 말은 부정적인 의미로, '하루에 한 번 책을 읽지 않으면 입 안에 가시가 생긴다'는 것은 긍정적인 의미로 들린다. 장미 가시는 바늘처럼 번뜩이며 자신을 지키기 위해 경계를 선다.

상대로부터 가시 돋친 말을 들었을 때 불편한 것은 진실이다. 이제껏 내가 무심코 내뱉은 말에도 큰 가시가 돋았음을, 나와는 다른 생각과 행동을 하는 이들에게도 내 안에 들어 있는 가시로 경계의 시선을 보냈음을 안다.

내 안에 있는 커다란 가시를 도려내는 방법은 무엇일까. 입으로는 자비와 사랑을 말하지만, 행동으로 나타나지 않은 오만함과 비겁함을 보이는 나를 들여다본다.

장미의 꽃말은 오로지 사랑이다. 순결한 사랑, 영원한 사랑, 진실한 사랑, 순수한 사랑. 넓고 깊은 사랑을 5월 피정 기간에 묵상거리로 가지고 가려 한다. (2025)

출처: 네이버

커피 칸타타

순간 놀랐다. 주간보호센터에 다녀온 어머니가 만 원을 꺼내며 천 원짜리로 바꿔 달라고 했다. 어머니 지갑을 오랫동안 지키고 있던 지폐가 어찌 어머니 주머니에서 나오는 것인가.

얼마 전부터 돈을 잘 지키지 못하여 용돈을 내가 보관 중이다. 어느날 밤 어머니는 당신에게 용돈이 십 원도 없다며 서럽게 울었다. 이런 상황까지 온 것을 떠올리니 마음이 아렸다. 이만 이천 원을 지갑에 넣어 드린 것은 4개월 전 일이다. 인지 능력이 저하되는 어머니 상황을 지켜보고 있는데, 갑자기 나빠지지 않았나 싶었다.

내가 기죽을 수가 있느냐며 빨리 잔소리 말고 천 원짜리로 바꿔 달라는 것이다. 만 천 원을 가지고 가서 천 원을 사용했다는 것이다. 얼른 어머니 지갑에 남은 돈을 확인해 보니 맞았다.

주간보호센터 원장에게 전화를 걸었다. 처음에는 무슨 말인지 이해하지 못하는 것 같았다. 나중에 그곳 분위기를 들으니 어머니가 왜 그랬는지 짐작할 수 있었다. 점심 식사 후에 자판기에서 커피를 뽑아 드시는 어른 두 분이 있다고 한다. 아마 어머니도 그러고 싶으셨으리라. 믹스 커피를 잘 드시지만, 신장 기능이 나빠서 드리지 않고 있던 터였다. 이제 당신이 숨기고 싶었던 마음을 딸에게 들켜 버렸으니, 이유도 이야기하지 않고 잔돈만 바꾸어 달라는 것이었나 싶다.

그날 밤은 난리가 났다. 어머니는 내가 부엌일을 마치고 방에 들어가자마자 울부짖었다. 천백만 원도 아니고, 백십만 원도 아니고, 십일만 원도 아니고, 만 천 원도 마음대로 쓰지 못한다고…, 내가 그 돈을 아들에게 주었니? 며느리에게 주었니? 옆에 있던 등긁개를 내리치며 동네가 떠나갈 듯 고함을 질렀다.

내가 이유를 묻고 차근차근 설명하려던 것이 오산이었다. 힘이 빠져 드러눕고는 서럽게 우셨다. 마침 후배들이 우리 집에 와 격한 분위기가 상쇄되었고, 어머니는 깊은 잠에 들었다.

다음 날 아침 마중 나온 보호사에게 삼천 원을 주었다. 한 달 커피값이다. 요즘 커피 한 잔 값은 장소에 따라 천양지차다. 어떤 곳은 밥 한끼 값에 버금가기도 한다. 이제 구순을 바라보는 어머니께, 건강에 나쁘다고 드리지 않은 어리석은 나를 탓해 본다. 믿었던 딸에게 당신 속마음을 들켜 버린 두려움과 부끄러움을 숨기고 싶었던 눈빛, 어린아이가 부모에게 들켜 버린 그 심정과 무엇이 다르겠는가.

센터에서 점심 후에 커피를 드셨냐고 어머니께 여쭤 보았다. 네가 커피값을 보내어 잘 먹었다고 기도 손을 모으고 고마움을 전한다. 엊저녁에 있었던 기싸움도 모두 잊어버린 것 같았다.

지옥처럼 검고, 죽음처럼 강하며, 사랑처럼 달콤하다는 커피는 6~7세기경 에티오피아의 목동에 의해 발견된다. "모닝커피가 없다면 나는 바싹 마른 한 마리 염소가 된 기분이다"라고 찬사를 보낸 음악가 바흐의 말에 공감하는 사람도 많으리라. 커피 발견 이후에 성직자만 마시다가 일반에게 보급되었다. 우리나라도 해방과 한국전쟁을 지나면서 미군들이 들어오며 보급되었다.

여고 시절에 우리 집에도 커피잔 세트가 들어왔다. 마을에 미군 부대가 있어서 제주의 다른 곳보다 먼저 서양 문물이 들어왔다. 오빠 친구들이 오면 어머니가 나에게 커피를 대접하라고 했었다. 오빠 친구 중 한 분이 얼굴을 찡그리며 마시던 모습을 색바랜 사진으로 기억하고 있다.

인스턴트커피가 만들어지면서 대중화되었고, 이제 커피는 전 세계 사람들의 연인이 되었다. 아니, 문명 사회 최고 음료로 자리 잡고 있다. 나도 식사 후에는 다른 음료보다 먼저 커피 마시는 일이 잦다. 건강에 큰 이상이 없는 한 좋은 친구로 남을 것 같은데, 커피의 좋은 점과 해악에 대한 공방은 아직도 진행형이다.

우리 집 식탁에서 커피잔을 앞에 둔 어머니 사진이 화장대 앞에서 미소를 짓는다. "아, 커피는 어찌나 달콤한지." 세계적인 여성 음악가 노랫소리도 귓가에 맴돈다. (2023)

여섯째 마당

자연의 품으로

재클린 뒤프레를 추억하며

천 년 후

국수를 먹다가

겁쟁이

성모의 슬픔

어둠에서 빛으로

명절빔

간장 밥상

자연의 품으로

우리가 지상에 머무는 시간은 길게 보아 백 년 남짓이다.
먼 과거와 미래는 상상할 뿐,
유한한 시간 속에 사는 관람자에게
오늘의 삶을 꼭 껴안아 보라고 눈짓을 보내는 것 같았다.

– 〈천 년 후〉 중에서

재클린 뒤프레를 추억하며

깊은 중저음 선율이 천천히 흐르고 있다. 금방 눈물샘을 건드려 터질 것만 같다. 낙엽을 떨구는 가을날이라면 다른 이들도 눈이 촉촉하게 젖어오는 느낌을 받고 있겠다 싶다. 몇 분 남짓한 음악이 삶의 서사를 담아낸 듯하다.

영국인들을 넘어 세계인들에게 사랑받았던 뒤프레는 꽃다운 나이에 세상을 떴다. 다섯 살 때부터 첼로를 잡아 엘가의 첼로 협주곡으로 음반시장 스타가 된 그녀는 유명한 피아니스트이자 지휘자인 다니엘 바렌 보임과 결혼 생활도 행복했었다. 잘나가던 그녀에게 신의 시기심이 발동한 걸까.

다발성 경화증으로 첼로를 더는 연주할 수가 없었다. 뒤프레 부모는 여러 가지 이유로 결혼을 반대했었다. 종교를 바꾸면서까지 바렌 보임을 선택했지만, 그녀 곁을 떠나 버린 상실감과 병에 대한 고통으로 절망의 깊이가 얼마나 컸을지 가늠할 수 없다.

첼리스트 베르너는 오펜바흐 유작을 연구하고 있었다. 미발표 악보를 발견하여 곡을 녹음한 뒤 〈재클린의 눈물〉이란 이름으로 그녀에게 헌정하였다. 그녀가 세상을 뜨기 일 년 전이다. 재클린이 떠난 지 일 년 후에는 직접 연주하며 애도했다. 첼리스트로서, 같은 인간으로서 느꼈던 감정을 녹여냈으리라.

14년간 음악 신동으로 행복했고, 14년간 세계적인 첼리스트로 존경받았으나 14년간 이별의 아픔과 병으로 인한 고통 속에서 깊은 슬픔을 어찌 견디었을까. 뒤프레는 종종 "첼로 음은 곧바로 cry zone으로 데려간다"는 말을 했다는데, 운명을 예견한 것인지도 모르겠다. 세상 사람들이 자신에게 주어진 십자가 하나씩은 지고 산다지만, 재클린의 삶을 떠올리면 베로니카 손수건이 어디에 있었는지, 신께 묻고 싶어진다.

〈재클린의 눈물〉 음악을 들을 때면 재클린의 삶과 겹쳐지며 음악에 빠져들게 된다. 만약 자신의 삶을 대변하는 듯한 음악이라고 마음에 와닿는다면 치유의 약이 될 것이고, 희망을 보고 싶다면 재클린이 마지막 걸어온 길을 떠올려 보자. 세상 슬픔과 아름다움이 이 한 곡에 들어 있는 느낌이다.

투병 중에도 제자들을 가르치고 첼로 교본을 썼으며, 같은 병을 앓는 환자들을 격려했다. 힘든 환경 속에서 다시 일어설, 살아낼 용기를 주었다. 나의 눈으로 보는 나, 남이 보는 나를 넘어 주체적이고 긍정적인 눈으로 자신을 들여다보며 살 만한 세상이 펼쳐질 것이라는 희망을 품었을 게다.

첼로 소리는 가을과 닮았다. 〈재클린의 눈물〉은 옅은 갈색을 넘어 짙은 고동색이다. 내가 존경하는 선배 언니도 〈재클린의 눈물〉 애청자다. 음악 방송에서 우연히 들을 때면 그분께 연락하고 싶어진다. 이토록 애절하고 슬픈 곡이 선배 삶의 한 모퉁이를 훔쳐본 기분이 들어서다.

재클린의 묘비명에는 '바렌 보임이 사랑했던 아내'라고 적혀 있다고 한다. 나는 재클린 마음으로 '바렌 보임을 사랑했던 재클린 뒤프레'라고 고쳐 보았다. 재클린은 마지막 상황이 어찌 되었든 자신이 선택한 길을 겸허하게 받아들였기에….

어렸을 적에는 피아노의 경쾌함에, 시간이 지나면서 맑은 바이올린 선율에, 요즘에는 첼로 음악에 귀를 세우게 된다. 피아노를 가지고 싶었던 동심은 피아노곡에, 중년에는 당당하게 높은음을 내는 바이올린 소리에, 이제는 낮은음을 들려주는 첼로 곡들이 삶을 대변하는 듯하다.

잘 산다는 것은 무엇일까. 인생 고비마다 맛보았을 희로애락을 나답게 살며 승화시키는 것이 아닐까. 언제 어디서 들어도 영혼을 정화시켜 주는, 100년 후에 세상에 나온 〈재클린의 눈물〉 버튼을 누르고 또 누른다. (2025)

천 년 후

종을 치기 10초 전이다. 세밑에 불어닥친 깊은 슬픔으로 새해 희망을 바란다고 내뱉기가 힘든 시기다. 화려한 조명이나 음향 효과도 없이 새해가 밝았다. 99세 어르신이 100세로 넘어가는 것은 찰나였다. 순간 현재는 과거가 되었고, 미래는 현재 다음에 반드시 오고야 마는 시간이다.

전문 해설가 L이 단톡방에 올린 안내 문자를 급하게 읽었다. 마침 상경할 일이 생겼는데, 시간이 맞았다. 전시장에 도착하면 연락을 달라는 두 번째 알림음이 울린다. 무료입장권을 교환권으로 바꾸어 주는 안내인이 건넨 달콤한 초콜릿도 덤으로 받았다. 〈발굴된 미래, 서울 3024〉 전시로 관객들을 끌어들이고 있었다.

L호텔 6층 전시장으로 들어섰다. 전시실 안은 겨울왕국에 들어온 것처럼 온통 흰색이다. 작품도 유채색보다는 무채색이 대부분이다. 미니멀리즘을 추구하는 화가인가 하는 단순한 생각만 했었는데, 선천적 색맹이었다는 이야기를 듣고는 놀란 가슴에 손을 얹었다. 일반인의 20% 색만 인지할 수 있었는데, 의학 발달로 80% 색을 쓸 수 있었다고 하니 얼마나 다행스러운 일인가. 신체적 한계를 극복하면서 작품 활동에 온 힘과 마음을 다한 화가에게 박수를 보낸다.

몇 개 구역으로 나누어졌다. 루브르 박물관 소장품을 활용하여 만든 조각 시리즈, 애니메이션 포켓몬과 협업 작품, 서울 전시를 기념하여 제작한 신작 회화와 드로잉 등 250여 점이 넘었다. 미래 유물 구역 〈서울 3024〉는 천 년 후 서울 모습을 보여준다.

수동카메라, 전화기, 카세트 플레이어 등 익숙한 물건이 천 년 시간을 넘어 우리 앞에 서 있다. 고고학 발굴 현장에 와 있는 느낌이 묘하다. 우리가 지상에 머무는 시간은 길게 보아 백 년 남짓이다. 먼 과거와 미래는 상상할 뿐, 유한한 시간 속에 사는 관람자에게 오늘의 삶을 꼭 껴안아 보라는 눈짓을 보내는 것 같았다.

발걸음을 옮기면서 윌리엄 블레이크 시구를 불러낸다.

한 알의 모래 속에서 세상을 보고
한 송이 들꽃 속에서 천국을 보려면
손바닥 안에서 무한을 거머쥐고
순간 속에서 영원을 담아라.

벽면에는 현재와 천 년 후 서울 모습이 걸려 있다. 배경인 북한산은 AI로 이미지를 받아 드로잉했고, 큰 동굴 안에 외로워 보이는 한 사람은 눈을 크게 뜨고 보아야 찾을 수 있을 만큼 왜소하다. 아파트 숲과 높은 빌딩도 없다. 현재 서울과 공통점은 세월을 버티어 낸 노송 한 그루다. 자연은 그대로인데 사람들은 이미 흙으로 돌아가 천 년이 흘렀을까 싶다.

17세기 네덜란드 플랑드르 지역 정물화에는 죽음을 의미하는 해골이나 시든 꽃잎, 벌레 등을 그려 놓았다. 라틴어로 '바니타스'는 공허나 헛됨, 가치 없음이란 뜻이다. '죽음을 기억하라'는 말일 터. 헛된 소유나 욕망에 가치를 둔 삶을 살고 있지 않은지 되돌아보며 겸손하고 성실한 시간을 가지라는 의미이리라.

다니엘 아삼은 80년생 미국 출생 젊은 예술가다. 상업적으로도 성공한 예술가로 협업 작품도 많이 만들고 있지만, 서울 전시를 계기로 천 년 후의 뉴욕, 런던, 마드리드, 파리 등을 주제로 한 작품으로 상상의 고고학이 펼쳐질 것이라는 짐작을 해 본다.

제주 천 년 후는 어떤 모습으로 변해 있을까를 상상한다. 물속에 잠겨 바다 깊숙이 가라앉은, 한라산이 다시 폭발하여 재에 묻혀 버린, 빙하로 덮여 유빙이 떠다니는….

숨을 고른다. 가까운 사람이 세상을 뜰 때 잠시 죽음에 대해 생각해 볼 뿐, 언제 그랬냐는 듯이 허둥대는 삶을 살기에 바쁘기만 하지 않던가. 죽음이 누구에게는 조금 이르게, 누구에게는 조금 늦게 올 뿐이다. 우리는 죽음으로 가까이 가고 있지만, 마지막 날을 알지 못할 따름이다.

"그러니 깨어 있어라. 그날과 그 시간은 모르기 때문이다" 한 그분의 말씀을 곱씹으며 전시장을 나섰다. (2025)

국수를 먹다가

더위가 기승을 부린다. 간단하게 먹을 점심을 떠올린다. 열무 물김치에 소면을 삶아 삶은 달걀 한 개 올리면 한 끼 식사가 된다. 혼자 먹는 점심으로 제격이다.

남편이 점심은 고기국수를 만들어 먹자고 했다. 처음 들어본 고기국수라는 말에 놀랐다. 어찌 국수에 돼지고기를 넣어서 먹을 것인지 도무지 감이 잡히지 않았다. 멸치국수나 소고기국수는 먹어 보았지만, 돼지고기국수는 본 적도 먹어 본 적도 없었기 때문이다. 시골 사람들이 먹는 음식을 만들라고 하느냐며 즉시 받아쳤다. 시골 사람? 누가 더 시골 출신이냐고 반격했다. 내가 태어나지도 살아보지도 않은 친정아버지가 어린 시절 보냈던 산간마을로 불똥이 튀었다. 결혼하여 첫 다툼이었다.

친정어머니에게 이런 사실을 일렀다. 어머니도 어찌 네가 만들어 보지도 먹어 보지도 않은 음식을 만드느냐고 동조했다. 불편한 기류가 흘렀다. 나도 금방 후회한 것은 시골 출신이라고 치부한 것에 꼬리를 내렸다. 미안하다는 말도 못했다. 나는 그날 국수를 만들지 않았고, 남편은 친구 만나러 간다며 나갔다.

같은 고장에 살았으면서도 집마다 다른 음식 문화가 있다. 나는 어릴 적부터 돼지고기는 아예 먹을 생각을 하지 않았다. 채소와 담백한 음식으로 김이나 멸치, 달걀 등이 내가 주로 먹던 음식이다. 남편은 기름진 음식을 즐겨 먹었다. 신혼 초 시댁 음식 문화에 적응하기도 힘들었다. 결혼 전 우리 집은 음식을 천천히 먹고 대화를 하는 편이었는데, 시댁은 식사를 빨리하고 말이 없었다. 느리게 먹는 습관이 밴 나는 식사 속도에 맞추려면 반쯤 먹고 수저를 놓아야만 했다.

돼지고기국수로 사달이 났다. 남편이 베지근한 고기국수 한 그릇 먹고 싶었던 휴일은 그렇게 가 버렸다. 지금은 제주 지방 토속음식으로 자리 잡았다. 어떤 국수 식당에서는 긴 줄을 설 만큼 인기가 있고, 국수 거리도 생겨서 사랑을 받고 있다. 다름을 구별하기 힘들던 애송이 시절 이야기다.

결혼 생활에 익숙할 무렵, 자진하여 돼지고기국수를 만들어 먹었다. 어려울 것도 없었고, 남편 입맛에 길들여졌다. 휴일 낮

에는 으레 만들어 먹는 음식이 되었다. 남편은 일 년 내내 국수를 먹어도 질리지 않겠다고 말했다. 시어머님이 자녀를 칭찬할 일이 있으면 국수를 만들어 주셨던 좋은 기억 때문인지, 남편은 국수를 최고 음식으로 알고 살았던 것 같다.

고기국수를 잘 만드는 집이 있다고 나를 데리고 갔다. 버스 터미널 안에 있는 조그마한 집이다. 테이블 두세 개가 고작이었지만, 맛은 일품이었다. 뼈를 오래 고아낸 뽀얀 국물이 담백했다. 나는 엄지를 추어올렸다.

서울에서 내려온 딸에게 터미널 국수를 사 오라고 했다. 투병 중에 고기국수가 먹고 싶었던 모양이다. 냄비를 가지고 택시를 타고 가서 사 왔다. 두어 젓가락을 들더니, 맛이 없다고 했다. 터미널 안에는 국숫집이 두 곳 있는데, 다른 곳에서 산 모양이라고 했다. 내일은 동쪽 편에 있는 집에서 사다 달라고 했다. 역시 제맛이 나지 않는다고 물렸다. 하기야 건강할 때 입맛과 지금 상황이 다르니 그 맛을 느낄 수가 있었겠는가. 항암 치료 부작용 중 하나도 입맛을 느끼지 못하는 거니까 말이다. 생의 끝자락에 서면 추억의 음식이 먹고 싶다는 말을 들었다.

터미널 국숫집으로 갔다. 이번에 시중드는 사람은 나이가 지긋한 남성분이었다. 혼자 먹으러 왔으니 의아했는지 말을 건다. 다시 오라고…. 다시 가지 못했다. 아니, 다시 가지 못하겠다.

이제는 고기국수를 만들지 않는다. 면 요리가 당길 때는 스파게티나 멸치국수를 만들어 먹고 있다. 신혼 때 국수로 인해 말다툼했던 기억이 떠오른다. 다시 고기국수를 만든다면 어떤 맛이 날까. 남편이 엄지를 추어올릴지 상상해 본다. 어디서든지 국수를 먹는 날에는 옛 생각에 마음이 처진다. (2019)

겁쟁이

안내 방송이 나온다. 만약 비행기가 바다에 내렸을 때 대처 요령이다. 언제부턴가 방송이 나오거나 안내원이 직접 시범을 보여도 신경 쓰지 않았는데, 물에 빠졌을 때의 두려움이 쭈뼛 솟아오른다.

요즈음 학교에서는 생존 수영을 배울 수 있는 프로그램이 있다. 우리 세대는 앞마당이 바다이고, 비록 산마을이라 하더라도 조금만 가면 바다가 있어 자연스럽게 수영을 배울 수 있었다.

초등학교 저학년 때까지 바다에 갔던 기억은 없다. 고학년 때 바다 가까이 있는 외가 마을로 전학을 갔다. 여름 방학이 되어도 부모님 허락 없이 외출을 하거나 바다에 나갈 수 없었다. 오빠는 낚시 간다고 해도 말리지 않았는데, 몸이 약한 나는 부모님 눈 안에 있어야만 했다.

이리저리 보아도 수영을 하지 못하는 친구들은 없었다. 어떤 친구는 방파제에서 다이빙 연습까지 했노라고 자랑했다. 꾀를 내어 어머니께 친구 집에 놀러 간다 하고 흥분된 마음으로 친구를 따라나섰다. 친구는 가르쳐 줄 것이 없다며, 무조건 나를 바다로 떠밀겠다고 했다. 그래야 본능적으로 살려고 수영을 할 수 있게 된다는 무서운 말만 반복했다. 나를 잡고 바다로 내동댕이 칠 기세였다.

“나, 이대로 죽고 싶지 않아.”

“그냥 집에 갈래.”

물때가 맞으면 가족들과 바다에 나가곤 했다. 내가 갈 수 있는 영역은 무릎 깊이까지였다. 조그마한 보말 정도만 잡을 수 있었다. 멀리까지 헤엄쳐 오가는 남자 형제들이 그렇게 부러울 수가 없었다.

수영을 배우지 못한 것이 한이 되어 성년이 되던 해에 아버지를 졸라 바다에 갔다. 이번 여름에는 꼭 수영을 배워 보리라 다짐했다. 초등학생처럼 세숫대야를 잡고 첨벙대다가, 아버지는 내 손을 잡았다 놓았다 하며 애써 보았지만 금방 가라앉아 버렸다. 나에게 수영은 먼 나라 이야기였다.

잊고 살다가도 문득문득 수영을 배우지 못한 것이 아쉬웠다. 호텔 수영장에서 배울 수 있겠다 싶었다. 여름 방학이 되면 개인

강습을 받으면 될 것 같았다. 방학 때는 유치원생들과 초등학생 프로그램으로 시간 맞추기가 힘들었다. 일하는 나의 한계였다. 평일 오전에 주부 강습이 있는데, 비수기에만 가능한 것이었다. 이제는 완전히 포기해야 할 때다 싶었다.

섬으로 가는 배를 타면 겁부터 먹는다. '만약에'라는 상상이 꼬리를 문다. 수영만 할 수 있다면 무엇이 두렵겠는가. 배를 타고 가면서 풍광을 즐기다가도 문득 떠오르는 무섬증, 중증 환자다.

수영을 잘한다 해도 목숨은 그분 손에 달려 있다. 풍랑이 세어 두려움에 떨고 있는 제자들에게 예수님이 말씀하신다.

"용기를 내어라. 나다. 두려워하지 마라."

거센 풍랑까지 잠재우신 성령만 믿어도 되는 걸까.

제주로 오는 비행기가 내릴 때면 묵주 팔찌를 잡고 눈을 감는다. 착륙 기어 내리는 소리가 들리면, 순간 긴장된다. "환상의 섬, 제주에 오신 것을 환영합니다." 가슴을 쓸어내린다.

진실을 말하고 정의를 외치며 사랑을 실천하는 데도 머뭇거렸을 나는, 여전히 겁쟁이다. (2025)

시 수필

성모의 슬픔

손바닥만 한 조각 작품이 식탁 앞에 놓여 있다.

꼭 사 오리라는 결심에
베드로 성당에 들어서는 순간
머릿속은 온통 피에타 생각이다.

성모님은 삼십삼 년 동안 일곱까지 고통을 겪으셨다.
마지막 애끓는 마음을 어찌 그리 표현했을까.
바스락거리는 치맛자락 소리와
고통을 읽을 수 없는 아들 얼굴은 편안하다.

위대한 조각 앞에서
자식을 먼저 보낸 어르신과 지인들
세상 모든 어버이를 떠올린다.

종일 침잠했던 하루
가톨릭 묘원에 세워진 피에타를 만났다.
왜 뭇사람들은 피에타가 아름답다 했던가.
비탄의 소리는 들리지 않고
'오직 자비를 베푸소서' 음성이 마음을 적신다.

〈구노의 아베마리아〉 선율이
5월의 성지를 가르고 있다.

어둠에서 빛으로

비블리아 입구에 도착하자, 목자와 양떼들이 어서 오라 손짓하는 것만 같다. 챙이 넓은 모자에 편안한 원피스를 입은 목사님은 반가운 눈인사를 나누자마자 낭랑한 목소리로 '비블리아'를 소개한다. '비블리아(Biblia)'는 라틴어로 '성경(Bible)'이라는 뜻이다. 당신에게 아들이 한 명 있었다는 고백은 예사롭지 않게 들렸다. 사연에 대한 궁금증이 일면서 눈과 귀는 절로 목사님에게 향했다.

중학생 아들이 등산을 다녀온 뒤 아프다고 하여 병원에 가서 주사를 맞은 것이 마지막 길이었다. 주사 쇼크로 홀연히 하늘나라로 떠나 버린 것이다. 태중에 있을 때부터 하느님께 바치기로 한 아이였기에 태교도 열심히 하였다. 아이를 키우는 하루하루가 은총의 나날이었다. 그런 아들을 갑자기 잃은 충격으로 몸과 마음을 추스르기가 버거웠다. 힘겨운 시간을 보내던 중, 부부는 아들이 못다 한 꿈을 생각하며 식물원을 일구기로 하였다.

10년 동안 4만여 평에 달하는 면적에 옥외 식물원과 온실 식물원을 만들면서 시름도 걷히기 시작했다. 대부분 이스라엘에서 가져온 씨앗을 틔워 꽃과 나무를 심기 시작했고, 이스라엘 건조한 날씨가 제주 서쪽 지방과 비슷하여 잘 자라 주었다.

익숙한 향내가 훅 밀려와 발걸음을 멈추게 한다. 라벤더, 로즈메리, 캐모마일, 세이지 잎을 따서 만져도 보고 냄새를 맡아본다. 나누어 준 색색의 주머니에 잎을 따서 넣는 손들이 분주하다. 곳곳에 뿌리를 내리고 있는 허브들이 진한 향기로 지친 영혼에 말을 걸어오는 것처럼 느껴졌다. 심호흡을 하고는 급히 일행들을 뒤쫓았다.

새들이 깃들어 있는 종려나무 앞이다. 성서에는 종려나무(대추야자)를 흔들고 '호산나(우리를 구원하소서)'를 외치면서 예루살렘에 입성하는 예수님을 맞았다. 성당에서 종려 대신 측백나무 가지를 흔들면서 의식을 치렀던 장면들과 겹쳐진다. 순간, 한 깨달음에 당도한다. 먼 이스라엘에 가야만 성지 순례인가. 내가 서 있는 모든 곳이 성지일 수 있다는 생각에 마음이 뜨거워진다.

저만치서 보라색 얼굴을 한 마리아 엉겅퀴가 아는 체를 한다.

흔히 보는 엉겅퀴와 달라 보인다. 흰 반점이 생겨 잎사귀가 오묘한 우윳빛을 뽐낸다. 마리아가 애굽으로 피란 갈 때 젖이 떨어졌다거나, 십자가에서 뽑은 못을 땅에 묻었더니 그곳에 엉겅퀴가 돋아났다고도 한다. 어린싹은 샐러드로도 먹을 수 있고, 소화제나 진통제로도 사용된다.

우슬초, 한국에서 관절에 좋다고 하는 우슬초와는 다른 것이었다. 출애굽기 직전에 이스라엘 백성들은 문설주에 양(羊)의 피를 뿌림으로써 큰아들의 죽음을 피할 수 있었다. 피를 적셔서 뿌린 도구가 바로 우슬초(미요람) 다발이다. 3월 말에서 4월 초, 아직 꽃이 피기 전이므로 잔털이 많고 줄기도 뻣뻣하지 않아 양의 피를 뿌리기에 적합하였다. 대부분 성경에 나오는 식물들은 하나같이 식용이나 치료제로 많이 쓰였다는 말에 신기함이 더해졌다.

돌아온 탕자가 배를 채우려 했던 쥐엄나무 열매는 돼지 사료였다. 당분과 단백질이 많아 광야에서 은둔 생활에 적합한 양식이었다. 세례자 요한도 먹었다고 전한다. 꼬투리에는 씨앗이 10~15개 들어 있는데, 한 개 무게가 0.2g으로 예전에는 저울추로 사용하였다고 전한다. 보석 무게 단위가 캐럿이고, 1캐럿 무게가 0.2g인 것도 여기서 비롯되었다는 말에 사뭇 놀랐다.

월계수, 시트론, 겨자, 가시나무, 호랑가시나무, 떨기나무, 감람나무(올리브나무), 무화과나무 등 많은 식물과 일일이 눈을 맞추어 본다. 목사님이 식물들을 성경 상황과 관련하여 설명할 때마다 묵상하며 순례길을 떠올리곤 했다. 식물에 대한 열정적인 안내를 하는 동안, 아들을 잃은 어머니의 절망은 보이지 않았다.

꽃 속에 무엇이 있는지 찾아보라는 질문에 눈에 익숙한 키 작은 낮달맞이꽃 앞에 쪼그리고 앉는다. 꽃술에 십자가가 숨어 있었다. 한국에서 자라는 낮달맞이꽃을 관찰하다가 꽃술 속에 들어 있는 십자가를 발견했다고 한다. 우리 집 정원에도 낮달맞이꽃이 있지만 나는 수년 동안 겉모습만 본 것이 아닌가. 자신이 알고 있는 것이 전부가 아니라는 것을 새삼 깨닫는다. 달맞이꽃은 어두운 밤에 피어나지만, 낮달맞이꽃은 태양을 보면서 낮에 핀다. 목사님의 깊은 슬픔도 자연과 소통하면서 식물들이 건네는 언어로 치유하지 않았나 싶었다.

비블리아는 치유와 안식의 동산이다. 들꽃으로만 알고 있었던 양귀비, 아네모네, 튤립, 무스카리, 시클라멘, 쑥갓 등도 성경과 관련된 식물임을 알고 깜짝 놀랐다. 한 바퀴 돌아 나오는 동안, 목사님은 어느새 탐방객들을 순결한 순례객으로 만들고 있었다. 세상 근심과 걱정은 내려놓으라고 권한다. 식물들과 대화를 나누며 찬찬히 들여다보라고….

목사님은 하늘나라에 사는 아들을 만난 듯 식물원을 안내하는 내내 목소리에 힘이 넘쳤다. 일찍 떠나보낸 아들과 영원히 함께 사는 방식이자 특별한 기도처럼 들렸다. 언제나 그랬듯이, 오늘도 비블리아 동산에서 영적 대화를 나누고 있겠지 싶다. (2019)

명절빔

한복을 차려입은 손녀 사진이 올라왔다. 유치원에서 추석맞이 행사로 윷놀이도 하고 송편도 빚을 거라고 자랑이 이어진다. 유치원 가는 길에 공원에서 찍은 동영상도 도착했다. 오늘따라 손녀의 동글동글한 얼굴이 보름달처럼 환하다.

TV 시니어 프로그램 진행자와 출연자도 형형색색 한복을 입었다. 일상복이었던 우리 옷은 현대 생활에 불편을 주었기에 생활 한복이 나온 지 오래다. 두 번 명절 즈음에만 날개를 펴는 옷이지만, K-문화에 힘입어 한식과 한글, 한지와 함께 우수성을 인정받고 있지 않은가.

나의 명절빔을 떠올려 본다. 감색 바지는 다리에 살짝 달라붙었다. 바지 가운데 굵은 세로줄이 길게 나 있고, 스웨터는 양쪽 가슴에 프랑스 자수로 빨강과 연분홍 장미꽃 몇 송이가 피었다. 빔을 입고 폴짝폴짝 뛰던 유년의 기억은 반백 년이 지나도 포근하게 스며든다.

학교에 다녀오면 허름한 옷으로 갈아입었다. 바깥나들이 갈 때만 입어야 한다는 것은 어머니 뜻이었다. 그 깊은 지혜는 세월이 한참 지난 후에 알아차렸다. 나는 다음해 추석빔을 일찌감치 상상하고 있었다.

명절이 가까이 왔으나 빔을 사 줄 낌새가 없었다.

"어머니, 명절이 얼마 남지 않았는데…."

"그냥 입어라."

"……"

"물려 입을 사람이 없잖니?"

지난해 입었던 바지는 발목 위로 달랑 올라가고, 스웨터 소매도 짧아졌다. 2년 정도는 입어야 한다는 어머니의 강한 신념에 투정도 하지 못했다. 여동생이 없는 것이 한스럽고 입은 뾰로통 튀어나왔다. 어려웠던 시절엔 명절마다 빔을 사 주지 않았다. 빔을 사더라도 소매와 바짓단을 여러 번 접고, 품도 넉넉한 옷을 사서 몇 년씩 입게 했다. 그해 내 몸에 맞는 빔을 얻은 것에 감지덕지할 일이었다. 2년을 입은 명절빔으로 스웨터 앞트임은 막고 소매는 단을 대어 어머니표 물갈이 내복이 만들어졌다.

어머니도 명절에는 한복을 입으셨다. 설에 마고자까지 곁들이면 대궐집 마나님 못지않았다. 손녀 결혼식을 앞두고는 한 달 전부터 손질하여 걸어 두었다. 결혼식에는 한복을 입어야 예의를 갖추는 것이라며 평상복을 입고 온 친척 언니를 나무라기도 했다.

명절날 전통 한복 대신 생활 한복을 입고 친정집을 방문하면 흐뭇한 표정으로 화색이 돌았다. 가지색 치마와 겨자색 저고리를 입은 영정 사진은 한복 사랑을 보여 준 어머니의 젊은 날을 불러내곤 한다.

친정아버지 칠순을 맞은 해였다. 어머니가 선물 보따리를 풀어 놓았다. 남자 형제들과 사위에게 한복 한 벌 해서 입으라고 봉투를 내밀었다. 아버지 칠순을 맞아 우리 집까지 고물이 떨어진 것이다. 당신이 하고 싶은 것을 감내하며 살아온 어머니는 한 푼 두 푼 네 벌의 한복값을 고쟁이에 쌓아 두었으리라.

설에 두루마기까지 갖춰 입고 세배를 주고받으며 전통 놀이도 했다. 푸짐한 술상에 주고받는 술잔은 춤을 추었다. 한복은 빛이 났고 어머니는 흐뭇한 미소를 지었다. 한복은 수의를 입기 전, 이승에서 마지막으로 입는 옷이라며 잘 보관하라는 말까지 덧붙였다. 이미 천상에서 지내고 있는 가족이 셋이나 되었다.

손녀 동영상을 다시 보니 딸들 어린 시절과 겹쳐진다. 큰애가 손녀 나이쯤 되었겠지 싶다. 명절빔을 어찌할까 고민하다가 결혼식 전날 입었던 한복이 떠올랐다. 몇 시간 입고 장롱에서 잠자고 있는 지 오래되었다. 한복집으로 달려갔다. 주인은 분홍색 치마저고리에 보색인 초록색 조끼를 디자인해 주었다. 조끼에는 스팽글까지 달아 멋진 명절빔이 되었다. 큰애가 입다가 작은애까지 원 없이 입었다.

유행은 돌고 돈다는 말이 맞는 것 같다. 근래에 산 바지가 초등학교 때 입었던 명절빔과 똑같은 모양이다. 옷을 입을 때마다 묵은 빔으로 맞이한 허전했던 그해 명절이 빛바랜 사진으로 다가왔다.

명절날 덕담을 해 주시던 부모님은 꿈속에서나 뵐 수 있게 되었고, 형제들도 각자 방식으로 명절을 보내고 있다. 초저녁 얼굴을 내민 달 속에 비친 가족들을 먼 그리움으로 가슴 언저리에 담아 본다.

〈달에게 바치는 노래〉 한 소절을 음미하며 기도 손을 모으는 보름날이다. (2024)

간장 밥상

밥맛이 없다. 약을 먹어야 하니 한 숟갈 뜨긴 떠야 할 텐데 말이다. 금방 지은 밥에 간장 반 숟가락, 참기름 듬뿍, 실파를 송송 썰어 넣고 우리 참깨 솔솔 뿌려 비볐다. 언젠가 TV에서 본 산속에 사는 자연인 상차림에는 풀 나부랭이 하나 없고 찬이라곤 달랑 간장 한 종지였다.

친정아버지는 까까머리 중학생 때 4·3 광풍으로 고향을 떠나 제주시로 피신했다. 마침 외삼촌이 계셨기에 둥지를 틀 수 있었다. 제주에 있는 유일한 농업학교에 편입하여 자취생활이 시작되었다.

외삼촌이 마련해 준 일자리는 신문보급소였다. 신문 배달하는 소년들에게 배달 부수를 나누어 주는 일로 학비를 보탰다. 할머니와 큰아버지는 고향을 지켰다. 할머니는 서른 살에 홀로 되셨고, 아버지와 나이 차이가 나는 큰아버지는 한학으로 공부를 마쳤다. 할머니께서 자취하는 아들에게 오려면 하루가 걸렸다. 외도를 거쳐 제주시에 들어와야 했다. 비가 많이 왔을 때는 외도천이 터져 목숨을 잃을 뻔했다. 등에 짊어진 것은 보리쌀과 간장이었다.

우리가 자랄 때는 나라 살림이 조금씩 나아지기 시작했다. 김치 외에 콩나물이나 두부, 달걀이나 김, 멸치볶음 등이 밥상에 올라왔다. 어머니는 나름 균형 잡힌 식단을 마련한 셈이다. 아버지가 일을 정리하고 집에 계실 때는 어렵지 않으면 산해진미가 올라올 수 있는 시기였다.

부엌에서 큰소리가 났다. 아버지가 어머니에게 왜 이렇게 반찬을 많이 만들었냐고 타박하는 것이다. 어머니는 아버지 호통에 맞섰다. 내가 돈을 낭비한 것이 아니고 기본 반찬만 차린 것이라고…. 이쯤 나오는 것이 간장 밥상 이야기다.

당신이 어렸을 적에는 꽁보리밥에 반찬은 오직 짜디짠 조선간장이었다고, 춘궁기에는 돌 위에 얹어 말린 감저쭈시(전분 찌꺼기)로 고픈 배를 채웠노라고 흥분된 목청으로 이야기는 계속되었다. 돼지밥이었던 전분 찌꺼기를 아버지가 끼니로 먹었다는 사실이 거짓말처럼 들렸다.

할머니는 키가 컸다. 친정아버지는 그리 큰 키가 아니었다. 할아버지 유전자를 받아 키가 작은 것으로 상상했지만, 성장기에 충분히 영양 공급을 받지 못한 탓이었으리라 생각하니 마음이 짠했다.

어머니는 아버지가 많이 변했다고 했다. 젊었을 때는 어머니가 하는 경제생활에 무던하더니, 늘그막에 짠돌이가 되었다는 것이다. 반찬이 많아도 너무 많다고 타박을 하다가, 전기 절약 문제까지 불똥이 튀었다.

친정집은 단층이라 옥상 복사열로 한여름에는 찜통이 되는 날이 많았다. 아버지의 여름나기 비법은 속옷 차림으로 선풍기 앞에 앉아 신문을 읽거나 젖은 수건을 어깻죽지에 얹는 것이다. 내가 에어컨 설치를 제안했다가 호통을 들었다. 아버지에게 한 번도 큰소리를 들어 본 적 없는 나는 고양이에게 잡힌 쥐 신세였다.

아버지는 참 좋은 세상 왔노라고 혼잣말을 자주 했다. "원하면 먹고 싶은 것을 먹을 수 있고, 물을 틀면 온수가 나오고, 기름보일러 틀어 방 전체가 뜨뜻하고, 환한 전깃불이 집 안을 빛나게 하고 있으니" 하며 감탄사를 쏟곤 했다. 이런 더위는 견딜 만하다며, 에어컨 설치는 문제가 없지만 만만치 않은 전기요금이 문제라며 손사래를 쳤다. 아버지가 돌아가시자 친정집에 에어컨이 들어왔다.

입맛 도는 간장 밥상을 앞에 두고 질곡한 현대사를 두루 겪은 아버지 생각으로 목울대가 뜨거워졌다. (2025)

자연의 품으로

별숲공원으로 가는 중이다. 잘 다듬어진 도로를 따라 한참 올라가고 있다. 도로 양옆에는 개인 무덤과 가족 공동묘지가 잘 조성되어 있고, 목장에서 풀을 뜯고 있는 말들이 돌아간 영혼들과 벗하고 있다. 시간이 지날수록 한라산이 가까이 보이기 시작하고 바다 풍광은 멀어지고 있다.

예약해 둔 곳은 오래된 소나무 가까이였다. 고인의 유언으로 잔디장을 할 참이다. 관계자가 미리 땅을 파 두었다. 항아리에 있던 유골을 작은 양철통에 넣고 모래를 섞은 뒤 양분이 있는 거무스름한 흙을 넣는다.

파놓은 곳에 플라스틱 원통을 넣고 유골을 부었다. 잔디가 잘 자라게 다시 양분 있는 흙을 붓고 잔디를 덮어 마무리한다. 유족과 지인들이 서너 번씩 밟으면서 다진다. 간단한 상차림으로 술잔을 올렸다. 10여 분 걸렸을까. 고인이 살아온 시간이 무색하게 아주 빠르게 떠나 버린 멍한 순간이었다. 얼마의 시간이 흐르면 자연으로 돌아갈까.

돌아오는 차 안에서 크리스티나 로세티의 〈내가 죽거든〉 시를 되새기며 마음을 추슬렀다.

> 내가 죽거든 사랑하는 사람이여
> 날 위해 슬픈 노래를 부르지 마세요
> 그늘진 삼나무도 심지 마세요
> 내 위에 푸른 잔디를 퍼지게 하여
> 비와 이슬에 젖게 해 주세요
> 그리고 마음이 내키시면 기억해 주세요.

나는 10여 년 전에 유언장을 써 둔 적이 있다. 가까운 가족이 한둘씩 떠나고 있었기에 사후 일들을 정리해 두고 싶었다. 유언장 내용에서 가장 오랜 시간 고민한 부분이 장례 절차와 묫자리였다. 장례는 간소하게 하고 수목장을 원한다고 작성했다.

장례 문화가 많이 바뀌고 있다. 매장에서 화장으로, 봉분을 만들지 않는 평장으로, 납골에서 자연장으로. 별숲공원에서 장례를 도와준 분은 그곳에 수목장과 화초장을 할 수 있다는 정보를 주었다. 공원에 다녀온 후에 자연장에 대한 정보를 자세히 얻고 싶어 인터넷 힘을 빌렸다. 자연장은 '고인의 유골분을 나무, 잔디, 화초 등에 묻거나 뿌리는 장묘 방식'이라 했고, 수도권에는 화초장을 하는 곳은 없다고 했다.

수목장은 내가 알고 있는 것과 다른 점이 있었다. 1인 1나무가 아니라 나무 한 그루에 여섯 위를 모신다. 그러니까 다른 이들과 함께 있는 것이다. 어떤 이는 그게 대수냐며 죽은 후에 모든 이들과 함께하는 것도 괜찮다는 등 다양한 의견이 올라와 있다. 선산을 정리하여 수목장 하는 분들에게는 의미 있는 추모 방법이라는 생각이 든다.

유럽 여행지에서 도심 가까이 있는 추모공원을 보았다. 환한 꽃들이 고인을 반기고 남은 이들은 쉽게 추모할 수 있겠다 싶었다. 화초장은 자연장의 일종이라 하여 마음이 끌렸다. 돌아가신 영혼을 찾아 우울한 감정보다는 화사한 느낌을 받는, 가족과 지인들에게도 좋은 에너지를 줄 것 같아서다.

어느 날 작은 아이에게 사후의 일을 슬쩍 비친 적이 있다. 수도권에 있는 가톨릭 추모공원을 원한다고 하니, 너무 이른 이야기 아니냐는 표정을 지었다. 남아 있는 자들의 몫이라는 생각이 들지만 건강할 때 이야기해 두는 것이 당황하지 않게 하는 일이 잖는가.

해양장(바다장)도 법으로 허용되었다. 암암리에 불법으로 행해오던 산분장(화장한 유골을 바다나 산에 뿌리는 장례)도 시행되고 있다. 노인 인구 비율이 늘어나면서 산분장에 대한 필요성이 높아졌다. 자연장 중에 요즘은 잔디장을 많이 원한다고 한다.

돌아가신 영혼들을 위로하고 자신의 죽음도 묵상해야 하는 위령성월이 저물어 가고 있다. 잠시 양지공원에 계신 어머님에게도 서둘러 다녀와야겠다.

우리는 '흙으로 돌아간다'는 말을 많이 들으면서 지내고 있다. 자연장 중에 어떤 방법을 원하는지 유언장을 다시 써야 할 시간이다. (2025)